博恩熊育儿经

The Bear Essentials

博恩熊育儿经

[美] 斯坦·博恩斯坦 [美] 简·博恩斯坦 著　徐海帏 译

新 星 出 版 社　NEW STAR PRESS

新经典文化股份有限公司
www.readinglife.com
出　品

目 录
Contents

我们收到邮件啦！

我们收到过成千上万封来信，既有电子邮件，也有普通信件。其中大约有一半是孩子写来的，他们在信中告诉我们，他们最喜欢书中的哪个角色，他们多么羡慕博恩熊一家的树屋，还有他们养了多少只狗、猫、仓鼠或金鱼；另一些信则来自于焦头烂额的父母，他们希望就《博恩熊情境教育绘本》中提到的问题获得更多建议。

就像在著名戏剧《佩兴丝》①第一章第五首曲目《当我第一次穿上这身军装》中，军人代表卡尔弗利上校娓娓道出的种种意外一样，当我们创造这妙趣横生、毛茸茸的一家人（"他们的身体毛茸茸的""他们跟人很像"）时，从未料到自己会担负起育儿专家的职责。

---

① 维多利亚时代的戏剧，由著名戏剧搭档吉尔伯特与沙利文共同创作。

我们要坦率地承认，在这个领域我们不具有任何资质，也没有相关证明书。我们仅有的许可证只是驾驶证和结婚证，证明书则只有出生证和简在主日学校获得的全勤奖。

尽管如此，基于"如果合适，就去尝试"的原则，又考虑到父母读者们病急乱投医的心情，我们在本书中将致力于两件事：一是对《博恩熊情境教育绘本》中涉及的许多令人头疼的育儿问题进行进一步探讨；二是为希望从博恩熊一家获得帮助的父母提供该系列的导读。

斯坦·博恩斯坦　简·博恩斯坦

STAN & JAN BERENSTAIN

没有哪两样东西
完全相同

"南瓜就像自然界的其他东西一样，"和小熊们在南瓜地里锄完草后，熊爸爸说，"没有哪两个是一模一样的。"

"真是这样，"小熊哥哥赞同道，"看那边那个古怪的扁南瓜，还有那个疙疙瘩瘩的南瓜。"然后是巨无霸，这还是爸爸给起的名字，它看上去长得越来越大了。

"为什么没有两个一模一样的东西呢？"小熊妹妹问。

"大自然就是这样的。"熊爸爸回答。

——《感恩节》

（选自《博恩熊情境教育绘本：快乐的 21 天》）

如同地里的每一个南瓜、树上的每一片树叶、豆荚里的每一粒豌豆都和其他的南瓜、树叶及豌豆不一样，每一个满脸痛苦、号啕大哭着来到这世上的孩子也都是独一无二的（没错，就连同卵双胞胎也是如此，不信你去问一问任何一对同卵双胞胎的母亲）。不管多小的孩子都是拥有自己禀性、脾气和偏好的独特个体，明白这一点会让你成为更称职的家长，这种认识还应成为你和孩子每一次交流的基础。

杂志上经常刊登一些令人焦虑的表格，显示孩子在不同年龄段应该做的事，和相应的年龄、身高、体重标准，家长们一般都会觉得前者与后者一样明白可信、准确无误。

事实上，有的孩子先学会走路，才开口说话；有的孩子先学会说话，才开始走路；还有的孩子，说话走路都不会就开始跑了。

也有的孩子就像纱窗上的弹簧一样，把自己逼得紧紧的；另一些孩子则像松松垮垮的彩虹弹簧圈一样，倦怠而懒散。

有的孩子说话柔声细气，以至于他们的祖父母根本听不清他们在说什么；有的孩子则粗声粗气的，隔着半条街都能听到他们的声音。有的孩子十分腼腆，哪怕只是和别人打声招呼，他们都会害羞得紧紧抱住母亲的腿；有的孩子则十分大胆，还没等你问"小家伙，你叫什么名字"，他们就已经爬上你的膝头，问你为什么鼻毛这么长了。

在健康、安全，以及合理的范围内，你应当允许孩子做他们自己。如果小比利只要醒着就非得抓着他那条臭烘烘的小包被不可，你不妨说服自己，上大学前他总会丢下的。如果小艾米莉十分迷恋芭比娃娃，那你不妨设想一下，说不定这些芭比娃娃日后会成为珍贵的收藏品，卖的钱或许能支撑她读完大学。

尊重孩子原本的样子，就如同尊重你那些成年的亲朋好友一样重要和必要。

而且你最好这样做。因为你的孩子终将找到自我，去按照自己的意愿生活，就像当初你离开自己的父母一样。

一些更加深入的思考

在面对"天下没有一模一样的孩子"这一问题时，应谨防"一刀切"的解决方式。

上帝按照自己的样子创造了人类。作为家长，你的职责则是为孩子创造机会，让他们自由发展。

让你的孩子有机会获得丰富多彩的经历，因为正是那些我们感兴趣或为之振奋的事物滋养、成就着我们。在密西西比河畔度过的童年，不仅让马克·吐温走上了文学道路，还赋予了他一个天下闻名的笔名①。整日沉浸于叔叔的钟表生意，令爱因斯坦对时间的测量产生了兴趣，最终提出了相对论。

在很大程度上，自尊源于成就感。因此，对于孩子想做的事——无论是拍球、拼图，还是学习各种恐龙的名字，你最好待以支持的态度。

另外，孩子没有义务对你小时候喜欢的东西感兴趣，如果他讨厌传统布偶"破烂娃娃"，喜欢动画片《兔八哥》中的邪恶山姆，那就顺其自然好了。

尊重孩子的个性并不等于放纵孩子。原则就是原则，该遵守的时候还是得遵守。

---

①马克·吐温（Mark Twain）是美国著名文学家，以其笔名闻名于世。这个笔名源自其早年的船工生活。轮船在密西西比河上航行的安全水位通常是 12 英尺，Mark Twain 即标记为 12 英尺，意味着轮船处于安全水位。

迎接新宝宝

在熊王国深处有一条洒满阳光的小路，沿着小路往前走，经过一座小木桥，再爬上一个青草茵茵的山坡，就到了博恩熊的家。家里有熊爸爸、熊妈妈和小熊。

……

熊王国里有小熊喜欢的一切有趣的事情。

小熊喜欢树屋，喜欢自己的房间，喜欢他那张舒舒服服的小床……小床是当他还是个小宝宝时，熊爸爸亲手为他做的。

可是，一天早上，小熊觉得小床不那么舒服了。一觉醒来，他的膝盖和腿都有点疼。

"小熊，你长大了，这张床太小了。"熊爸爸一边说，一边穿上工装裤，系好带子。

"今天我们去树林，给你做一张大点儿的床！"

……

"可是爸爸，"小熊追了上去，"那我的小床怎么办呢？"

"孩子，不用担心。"熊妈妈一边说一边关上门。

她微笑着，轻轻地摸着自己的肚子。熊妈妈的肚子最近变得又大又圆。

"那张小床淘汰得正是时候。"

——《妹妹出生了》

（选自《博恩熊情境教育绘本：天天向上》）

多么激动，多么喜悦啊！大家拥抱、亲吻，互相祝贺，在这新生儿的欢迎会上！不仅如此，往粉嫩方面想，因为最激动人心的是，即将到来的是个女孩！不过，先冷静片刻。让咱们站在小比利——我们以前的心肝宝贝的角度，来看一看眼下的状况。

你三岁半了，很多事都在掌握之中。家里只有你、妈妈和爸爸，尽管他们偶尔还会大惊小怪一番，但其实已经被你训练得安之若素了。跌跌撞撞经过了各种纸尿裤和拉拉裤的阶段，虽然偶尔还会出现失误，但你已经成功攻克了上厕所大关。还实现了从婴儿床到真正床铺的转换；告别了儿童餐椅，坐在了真正的餐桌旁。你被妈妈和爸爸带去了很多地方：动物园、儿童博物馆，还有游乐场。真累人啊！不过他们十分开心，所以剥夺他们的这种快乐很不公平。

可是，正当你要为自己出色的掌控能力感到自豪时，一个跟

篮球差不多大的威胁出现了。这个威胁来自妈妈的肚子。他们说里面有个小宝宝。的确有个东西在妈妈的肚子里，你能感觉到它在踢腿。或许这就是小宝宝，你心想。他们说，它将是个非常棒的小弟弟或小妹妹，可是你压根儿不想要什么小弟弟或小妹妹。

　　他们就这么做了，连句"请勿见怪"都没说。不仅如此，现在他们还讨论要你住到客房去，好把你的房间让给小宝宝——你那贴着母牛跳过月亮的壁纸，摆着玛菲特小姐①的夜灯，挂有用来数绵羊的床头铃的棒呆的房间。哼，你就等着瞧吧！穿上新买

---

①玛菲特小姐（Little Miss Muffet）是鹅妈妈童谣中的人物，以坐在土堆上的形象被西方儿童熟知。

的大孩子穿的内裤，没准你会开始接连出状况；没准你会"不小心"把桌上的牛奶打翻；而且没准夜里你会难以入睡，还"需要"喝很多很多水。

一个非常棒的新宝宝？哼！

首先，在大多数情况下，你最好让孩子自己决定，对于新宝宝他想了解多少，对妈妈怀孕这件事他想涉入多深。

小比利或许不愿意把手放在妈妈的肚子上，感受小宝宝的踢腾，还觉得小宝宝很讨厌。如果他更想和胀得跟固特异飞艇①似的妈妈保持距离，那就顺其自然好了。至于妈妈想让人来感受小宝宝踢腾的需求，就让爸爸来满足吧。

小艾米莉则有所不同，她每天都和玩偶过家家，扮妈妈，所以她非常理解妈妈目前的状况，或许还对小宝宝的"踢球命中率"十分着迷。

但无论是什么情况，最好都让孩子表达他对新宝宝到来的感受。对这种状况的接受能力和意愿，不同的孩子有着迥异的表现。一些孩子——大多是女孩——能全盘接受这种状况：她们会开心地陪妈妈去看医生；在超声波检测仪的屏幕上看到小宝宝模模糊糊的影像时，她们会感到非常欣喜；当医生给她们戴上小听诊器，请她们听一听小宝宝的心跳时，她们会十分得意："听到啦！听到

---

① 固特异为美国知名轮胎橡胶公司，其生产的 GZ-20 型软式飞艇曾创造连续飞行 14 年的吉尼斯世界纪录。

啦！在扑通扑通地跳！"

有的孩子——大多是男孩——则会对有关小宝宝的事情感到不安和焦躁。如果小比利更想回避，或从负面的角度看待这个问题，那也顺其自然吧。

倘若给他的压力太大，他或许会觉得，有必要在快递员刚刚送来的、你们打算挂在婴儿房的可爱的粉红色窗帘上尿一泡尿，好让你们明白他的感受。

小宝宝的降生让你们变成了四口之家，以下建议或许可以帮助你们顺利度过这个阶段。

给予头胎孩子充分的呵护

但是不要过度。丈夫在没有特定理由，或非特殊场合时送妻子一打玫瑰，往往会招来无端猜疑。要避免效仿这种行为。

镇定、冷静、从容——至少试一试

将家庭新成员的到来当作生命中一件普普通通的事情。猫妈妈生养小猫，狗妈妈生养小狗，人类的妈妈也会生养小宝宝。

孩子不同，情况也会不同

你的孩子或许能够友好平静地接受这个喜讯，但他也很有可能变身为头上有角、屁股上长尾巴的小恶魔。不同的孩子有着不同的情况。有的孩子沉迷于软式棒球、恐龙或芭比娃娃，根本没注意到妈妈的肚子发生了变化。有的孩子则事无巨细地关心有关小宝宝的一切，还会问很多问题——多得不得了的问题！

当心超纲问题

在面对孩子的追问时，你应当尽可能简洁、实事求是地作出回答，例如"妈妈的身体里有一个专门装小宝宝的地方"。在孩子尚小的时候，最好避免超纲的性教育，比如爸爸在其中的作用，以后你会有充足的时间给孩子解释。不过，你还是应当作好准备，以便幼小的孩子迫切要弄明白"小宝宝究竟是怎么钻到妈妈肚子里"的时候，你能给出恰当的回答。

当心"马大哈"叔叔

你有责任保护自己的孩子，免受某些不够体贴的亲戚的伤害。只需一句"嗨，小鬼，看起来你以后不再是爸爸妈妈的心肝宝贝了"，马大哈叔叔就能让你之前的一切努力付诸东流。

妈妈的变化

一些孩子对环境的变化非常敏感，他们能早早地从妈妈逐渐变小的怀抱中觉察出迹象。或许这时候你应当温柔地问一句："好啦，小宝贝儿，你觉得为什么会这样呢？"另一些孩子则根本注意不到任何变化，就连妈妈的腰围增加了七个尺码都注意不到。有一个孩子就是这样，于是他的妈妈决定通过给他讲我们的作品《妹妹出生了》来打开局面，探讨此事。故事是这样的：小熊长大了，已经睡不下自己的小床了，他和熊爸爸来到小树林，准备做一张新床。这件事情发生的另一个背景是，熊妈妈的肚子越来越大。小家伙听得很高兴，可并没有将这个故事同妈妈日渐缩小的怀抱联系起来。于是妈妈温柔地提醒他："宝贝儿，你觉得熊妈妈的肚子里有什么？"

"一张新床？"小家伙说。

因此，当你感觉即将临盆，准备把小比利送到奶奶家，要去医院待产的时候，咱们就得聊一聊身为父母的你们接下来所要面临的挑战了：那就是说服你们的孩子，使他们相信当独生子并没有那么棒，当哥哥或姐姐才是世界上最酷的事情。

手足之争

在那条洒满阳光的小路尽头，有一幢大大的树屋，里面住着博恩熊一家。现在，博恩熊一家迎来了新成员——小蜜糖。多么有趣！多么让人高兴啊！

多烦人哪！

感觉一天到晚她都在哭，吃，打嗝，吐奶，要人给她换尿布。

除此之外就是要人抱，要人逗，大惊小怪，捏会发声的玩具。

要不然，就是熊妈妈带着她去买东西，买好多好多宝宝用品。

……

还让小熊妹妹不开心的是，熊爸爸每天下班回家的第一件事就是抱起小宝宝，温柔地看着她说："今天过得好不好啊？我亲爱的'小面团'？"

小熊妹妹心想："小面团，这个名字适合她。她就是个让人难以下咽的胖面团！"

还有小敏阿姨和路易叔叔，他们俩一来家里就一个劲儿地逗小宝宝玩。

……

不光是小敏阿姨和路易叔叔，周围几乎所有的居民都赶来看小宝宝，还夸她有多么可爱！

"真可爱啊！"格瑞热太太说。

"可爱得像枚小纽扣。"农夫本叔叔说。

"太可爱了，像只小虫虫！"布莱恩太太说。

"没错，就是一只小臭虫。"小熊妹妹在一旁小声地嘀咕。

说小宝宝是只小臭虫，是因为小熊妹妹觉得她会做的事情不多，但绝对擅长制造湿尿布。

——《家有儿女》

（选自《博恩熊情境教育绘本：天天向上》）

很多事情可以帮助你引导孩子接受新生儿的到来，即便不能让他们平心静气，至少可以避免公开的敌意。下列想法和建议旨在避免手足相争，营造和谐的同胞关系。

态度要积极

立即丢掉小家伙必然会嫉妒新宝宝这种消极的想法。倘若你胡为乱信，认为孩子们注定会重演卡拉马佐夫兄弟或该隐与亚伯的悲剧[1]，那还没开始你就被轻而易举地打败了。

展示以前的婴儿照片

决定要二胎的时候，你应该听过很多建议，教你怎样帮助头胎孩子做好准备，去面对新宝宝降临带来的冲击和畏惧。首先，你得让头胎孩子对即将到来的一切有所熟悉。通过一个简单的方法，你就可以让他对接下来没完没了的喂食、洗澡、换尿布、搽爽身粉、抹药膏、拍嗝、爱抚和因之产生的忙乱等有所了解，这个方法就是找出他还是婴儿时的照片给他看。

这并不代表这么做以后，你就可以指望一个两三岁大的孩子能够理解新宝宝也应得到他曾享受过的关爱。不过，即使小孩子也明白"轮流"的概念。他们每天都在经历这些：玩飞行棋时轮流掷骰子；在游乐场里轮流荡秋千；他们还会轮流骑丽兹的玩具木马。

提前让头胎孩子做好迎接新宝宝的准备，你就会发现，在你为照顾新宝宝忙得不可开交的时候，他会变得更容易对付。

---

[1] 《卡拉马佐夫兄弟》是俄国作家陀思妥耶夫斯基的作品，书中四个同胞兄弟互不和睦，其中一个还弑父；该隐与亚伯的故事见《旧约·创世记》，哥哥亚伯因为嫉妒杀了弟弟该隐。

"宝贝儿，我了解你的感受，"你或许可以试探性地对他说，"可是你也享受过小宝宝的待遇啊，现在轮到新宝宝了。你愿意给小宝宝搽爽身粉吗？"这种邀请孩子一般都难以抗拒。不过，你还是应当谨慎，以免你的小帮手将婴儿爽身粉抖出令人窒息的蘑菇云。

冷静对待《三只坏脾气的山羊》[①]的考验

假设你正在照顾三个月大的宝宝，这时三岁的小家伙决定来试探一下眼前的状况，要你为他朗读《三只坏脾气的山羊》的故事。这时，请深呼吸，忍住别发火，开始读吧。小宝宝可是非常棒的托书架。

给予头胎孩子多一些优待

为你的头胎孩子制定日程表与为新宝宝做计划同等重要。定

---

① 《三只坏脾气的山羊》是美国儿童文学家卡罗琳·舍温·贝利的作品。

好日程，带他去动物园、自然历史博物馆和电影院。爸爸、爷爷、奶奶，或者他喜欢的姨妈、叔叔，谁带他去都行。这对于缓解或预防"手足感情破裂"大有帮助。

隔开解决方案

如果眼前的小约翰和即将到来的小吉尔年龄差距较大，那你们或许可以考虑送大孩子去托儿所或幼儿园。但作出这个决定的时间及方式需要仔细考量。要是小家伙暗中疑心自己被"扫地出门"，那他就有可能变成一个小恶魔。

麻烦加倍

当小宝宝学会了自己站立，并慢慢精于走路、说话、掐或者咬，协调手足关系的难度就会加倍。这时你会发现妒火掉转了方向。更小的孩子开始嫉妒哥哥姐姐的一切：玩具、朋友，以及侧手翻和滑下楼梯扶手的能力。

现在换成更小的孩子需要你带着外出，并给予特别优待了，以免小家伙趁着哥哥姐姐去上学的时候，把他们心爱的汽车模型冲进马桶。

化解需求分歧

跟爸爸一起做游戏的时间是非常宝贵的。

问：可怜而疲惫的爸爸怎样才能同时满足五岁的大孩子和两岁的小比利的需求？

答：发挥聪明才智，构思出让两个孩子都满意的游戏和活动。

角色扮演游戏可以很好地化解需求分歧。例如，在"牛仔"游戏中，爸爸扮演警长，大孩子充当偷牛贼，小比利则可以假装成牛。游戏可以这样开始：当偷牛贼领着牛躲在沙发背后的时候，警长爸爸跺着脚跑出来，四处嚷嚷："那个可恶的坏蛋偷牛贼在哪里？"

这个游戏模式很容易复制。你可以将它与《星际迷航》结合，让爸爸扮演企业号舰长柯克，大孩子充当史波克先生，小比利则是掌握着高新技术却野蛮好战的外星种族克林贡人。

就连《小红帽》也能这样玩。爸爸扮演小红帽，大孩子充当大灰狼，小比利则是外婆。

这样玩可以无穷无尽。

同胞竞争会持续很长时间，且令人精疲力竭。但是你只能坚持下去，直到孩子们进入青春期。到那时，他们的注意力就会转向真正的敌人——妈妈和爸爸！

是的，这不是一件容易的事情，养儿育女决不容易，但人的一生中，没有哪件事比这更富有意义、更激动人心、更实在了。

因此，当局面变得棘手时，请深呼吸，放松，然后展望未来——你家身着礼服、头顶学士帽的小伙子或小姑娘，以优异的成绩从某所选拔标准极其严格的大学顺利毕业；或你家未来的诺贝尔奖获得者在中学科技展览上赢得了第一名；要不就是你们那得益于《教育法修正案》第九条①的小运动员，成为在超级碗②中第一个踢出制胜三分球的女孩。

　　嘿，你尽可以梦想，不是吗？

①美国《教育法修正案》第九条规定，禁止接受联邦教育资助的项目进行性别歧视。这项联邦法律使高校女子体育运动获得了更多的新机会。
②超级碗是指美国职业橄榄球大联盟的年度冠军赛。

要不要看电视：这是个问题

小熊哥哥和小熊妹妹一下校车，连声招呼都没打，就来到厨房。接着，他们像往常那样，端着牛奶和饼干冲进客厅，打开电视。

　　"毫无疑问，"熊妈妈心想，"这些小家伙电视看得太多了！"

　　过了一会儿，熊爸爸从他的工作间回来了，也加入了小熊兄妹的行列。熊妈妈这下子更加肯定了……

　　"绝对没错，我们全家电视看得太多了！"

　　……

　　那天晚上吃完饭，小熊兄妹又跑去开电视，熊妈妈拦住他们说："最近咱们家电视看得太多了！"

　　"可是，妈妈，"小熊哥哥说，"《搞怪熊熊秀》快开始了！"

　　"还有《熊熊小丑》！"小熊妹妹补充道。

　　"哦，赶不上就只好赶不上了！"熊妈妈态度坚决。

　　"而且，"熊妈妈又说，"你们得习惯不看电视，因为接下来的整整一个星期都不准看电视！"

......

　　"没那么多可是，"熊爸爸说，"你们的妈妈说得太对了。生活中还有很多比电视更重要的事，比如家庭作业，还有新鲜的空气、阳光和运动。一星期不看电视是个好主意。来，让一让，我想看个体育节目。"

　　"等一等，爸爸，"熊妈妈说，"一星期不许看电视的也包括你。"

　　"什么？"熊爸爸说，"你肯定是在开玩笑！"

——《电视看得太多了》

（选自《博恩熊情境教育绘本：快乐的21天》）

电视积极的一面在于，它是人类有史以来发明的最有影响力的交流手段。但不巧的是，它消极的一面也在于它是人类有史以来发明的最有影响力的交流手段。毫无疑问，如果任由孩子随心所欲地看电视，你很快会发现自己的孩子变成了一个小电视迷，除了瞪大眼睛，直愣愣地盯着电视屏幕外一无所长。

当然，有些电视节目——主要是公共广播公司的无广告系列少儿节目，比较适合孩子，甚至还有所裨益。

但更多的少儿节目既乏味又愚蠢，最糟糕的是还充斥着暴力、荒谬和无意义，更别提还充满各种有诱导性的广告，全在推销会造成蛀牙及肥胖症的食品和华而不实、昂贵得会令家长债务缠身的玩具。

要是你的孩子日渐沉迷于日间节目，他们就会受到《杰瑞·斯普林格脱口秀》和《里琪·雷克脱口秀》①这类节目的影响。这些节目中经常会出现孤独的青少年被母亲抢走男朋友之类的事。

假如——这本应严防死守——孩子们像格林童话里的汉赛尔与格莱特迷失在树林里那样②，迷失在晚间节目那些凶杀、暴乱、色情等不健康的内容里，加上充斥其间的限制级广告，那你大概

①均为美国著名脱口秀节目，以劲爆话题出名。
②《汉赛尔与格莱特》讲述了兄妹被后母遗弃在森林中，误食巫婆的糖果面包屋的故事。

会有不少令人非常不安的问题要解答了。

你本以为和孩子一起收看职业棒球大联盟赛不存在任何风险，结果一些宣传成人用品的广告突然蹦了出来——我们指的当然不是速效染发剂的广告。

"爸爸，伟哥是什么？"小杰克或小吉尔会问。

"呃……嗯，我想是某种头疼药吧。"爸爸说，脸红得就像鸡血石。

家长应该怎么办呢？

为了孩子着想，一些意志坚定的父母打定主意不看电视，这意味着他们要从此放弃"露西和德西"与《盖里甘的岛》^①带来的开怀大笑，还得告别怀旧的"特纳经典电影"频道^②。

但是，不看电视几乎意味着远离主流文化。因为电视就是主流文化，它是少数几个能将整个社会凝聚在一起的事物之一。讨论头晚的真人秀节目中谁又出局了，几乎已经完全取代天气，成了基本的社交话题。

此外，除非你居住在密歇根州上半岛^③的偏远地区，否则这样的牺牲毫无意义。禁果始终充满诱惑，为了满足自己，孩子毋

①露西和德西是《我爱露西》中的两位主演，这部播出于 1951-1960 年的经典喜剧片，开启了美国肥皂剧的新时代。《盖里甘的岛》是播出于 1964-1967 年的美国经典喜剧片。
②"特纳经典电影"是以无广告播放经典电影为特色的有线电视频道。
③此地位于美国北部，临近加拿大，地广人稀，面积约为全州面积的 $\frac{1}{3}$，人口只占全州的 3%。

庸置疑会去朋友家看电视。

那么，对于客厅里的这个大盒子，我们到底该怎么办呢？

让孩子免于电视诱惑，最好的方法就是限制他们看电视的时间，并为他们精心筛选节目。随着孩子一天天长大，你可以逐渐延长他们看电视的时间。

一些调查显示，我们的孩子平均每天看电视的时间是四到五个小时。对于乌比冈湖镇①的孩子来说，这毫无问题（那里所有孩子看电视的时间都高于全国平均水平），但如果你对孩子有更高期望，那么你最好跟熊妈妈一样，不要让孩子看太长时间电视。

但是，多久算太长呢？

婴儿几乎根本无需看电视。还在练习爬行或蹒跚学步的孩子需要将时间用来打滚，跟沾满灰尘的兔宝宝亲密交谈，独自从地上爬起来后欢呼，以及用积木搭一座塔楼然后将其推倒。简而言之，他们需要时间做能够让自己获得成就感的事情，这会让他们拥有每个人都非常渴望得到的——请特别注意——自尊！

有时候，会有孩子代表校报来采访我们。孩子们问："你们为什么只画熊？"我们答："我们没有只画熊，我们还画了大树、花朵、小鸟，等等。"问："你们是怎么想出这些内容的？"答："它们都来自我们的日常生活。"问："你们是怎么想出'博恩熊'这

---

① 美国幽默作家盖瑞森·凯勒在广播剧《牧场之家好做伴》中虚构的一个位于明尼苏达州的小镇。

个名字的？"答："不是我们自己想出来的，而是我们的首任编辑——西奥多·盖索，又名苏斯博士，给博恩熊起的名字。"为了彰显公平，在惯常的问答环节结束后，我们常常还会反过来对他们进行采访。

有一次，在对一群三四年级的小学生进行采访的时候，我们首先询问了他们的阅读倾向："你们喜欢读什么书？"孩子们的答案包括苏斯博士、朱迪·布鲁姆和贝芙莉·克莱瑞等作家的作品。出于礼节，其中一位被采访人还提到了博恩熊。那么电视呢？他们看电视吗？当然了，孩子们当然看电视。他们看哪些电视节目？各种各样的节目名称被喊出来。那他们更喜欢什么呢？读书，还是看电视？这时，我们面前出现了一张张茫然的面孔，他们不理解这个问题。其中一个孩子说："读书和看电视是不一样的。"我们就问他："有什么不一样？"另一个孩子试着回答："嗯，当你读书的时候，你好像是在做事；而当你看电视的时候……嗯……虽然有意思，可是你好像什么也没做。"

他说得太棒了！我们暗想。

这正是电视的问题所在。孩子们需要自己做事，而不是看着别人做事。他们需要奔跑、跳跃、爬上爬下。他们需要画画，把颜料溅得到处都是。他们还需要跟其他孩子互动，明白自己并不是宇宙的中心。他们也需要调动自己所有的感觉，去体会和把握世界运转的规则。

如果一个孩子大部分时间都在一边吃反式脂肪零食、猛灌高糖饮料，一边盯着电视屏幕，那他根本不会做上述事情。

孩子年龄越小，父母越需要限制他们看电视的时间。除了这项基本原则，没有什么固定标准可以衡量看多长时间的电视会对孩子有益或有害。没有人比父母更了解自己的孩子，应该看多长时间电视，以及可以看哪些电视节目，都应当由父母自己判断。

需要谨记的是，天下没有一模一样的孩子。有的孩子——信不信由你——就是精力充沛，像上紧了发条一样，对电视不怎么感兴趣；相反，有的孩子似乎是天生的萤火虫，只要你允许，他们会永远守在电视机前。

偶尔可以延长孩子看电视的时间吗？比如在看有关恐龙或花样滑冰的特别节目时？当然可以。甚至偶尔在周六的早上放纵一下也没关系。

但是，只要是涉及孩子和电视的问题，你都应当牢记"谨慎"二字，以免幼小的孩子患上所谓的"电视依赖症"。对于这种恶习，可没有像戒酒、戒烟一样行之有效的"十二步戒除法"。

以下是一些进一步的想法和建议。

跟孩子一起看电视，就算是《恐龙巴尼》也不例外

即便那些内容健康、主旨友爱的少儿节目也会在孩子心中引发疑问。他们会想：大红狗克里弗①怎么会那么大呢？奥斯卡②为什么住在垃圾桶里？恐龙巴尼明明是洋红色，为什么大家都说他是紫色的？你应该守在孩子身边，准备好随时回答他的问题。

反思你自己看电视的习惯

比起听你怎么说，孩子更有可能仿效你的所作所为。所以，最好反思一下你自己在看电视方面的习惯。如果你自己就是一个电视迷，那么你的孩子也更有可能痴迷于电视。

给孩子打"广告预防针"

只要不是公共广播公司的节目，广告就不可避免。所以，向孩子解释广告的本质是必要的。你的解释应当尽可能简洁，例如，

---

① 根据欧美畅销儿童图书改编的动画片《大红狗》中的主人公。
② 美国儿童节目《芝麻街》中的木偶角色。

你可以告诉孩子，那些拼命兜售东西的人其实有点夸大事实了。

看太多电视会危害孩子的健康

　　看电视本身不一定会使人发胖，但如果看电视的时候不停地吃零食，养成久坐不动的习惯，那么变胖的可能性就非常大了。时常关注一下关于电视对孩子的影响的研究发现，是不错的做法。例如，有研究表明，看太多电视会对孩子的脑部发育造成严重影响，甚至会引发学习障碍，尤其对年幼的孩子而言。因此，作为父母，要多了解相关知识，并持续关注更新！

电视节目丛林

　　过去我们会将垃圾放进外边的垃圾桶，而现在"垃圾"通过电缆、网络进入我们的家中。在各个电视频道间畅游绝对不是适合孩子的运动，父母们应当始终将遥控器掌控在自己手中。

我们都爱露西

　　当孩子日渐长大后，你不妨让他也看一看《我爱露西》《盖里甘的岛》《明斯特一家》和《太空仙女恋》[1]。它们妙趣横生、老少咸宜，尤为难得的是，它们都没有夹杂隐晦的粗鄙双关语和其他令人不得其解的内容。

----

①均为深受美国人喜爱的影视作品。

战胜恐惧

"跟我来。"熊爸爸拉起小熊妹妹的手。

"去哪儿啊？"小熊妹妹好奇地问。

"去阁楼。"

"阁楼？可是那儿白天也黑漆漆的。"

"我知道，但是我想让你看样东西。其实，黑夜也没什么可怕的，它和白天一样，是自然的一部分。是你的想象让黑夜变得可怕了。"熊爸爸说。

"什么是想象？"小熊妹妹问。

"想象就是让我们把柜子和衣架看成是怪物的东西。"

"我真希望我不会想象。"小熊妹妹说道。

"不要这样说。丰富的想象力是我们拥有的最好的东西之一。因为有想象，我们才会画画、写诗、发明创造！关键是你要掌控自己的想象，而不是让它控制你。"

到了阁楼，熊爸爸开始翻箱倒柜地找东西。

"找到了！"熊爸爸高兴地说，"夜灯！我小时候每当睡不着时，就会打开它！"

小熊妹妹简直不敢相信，高大威武的爸爸曾经也是个怕黑的孩子。

"当然了，谁都有害怕的时候。"熊爸爸说。

——《不怕黑》

（选自《博恩熊情境教育绘本：天天向上》）

阴森恐怖的东西在当今的娱乐文化中已无处不在，以至于有些夜晚你不得不为孩子站岗，充当他们的专属驱魔人。你没有义务变成一个训练有素的通灵者，因此你最好考虑一下，如何帮孩子消除对妖魔鬼怪的担忧。

下面一些想法和建议供你参考。

及早确定你的孩子对恐怖事物的承受力

和其他方面一样，孩子们在面对想象中的恐惧时，承受力存在着差异。

一些婴儿会对妈妈以外的所有人感到害怕，而另外一些则会欢呼雀跃地管所有男性叫"爸爸"。

你应当评估一下孩子对存在威胁、危险和冲突等内容的故事和电视节目的应对能力。如果《小红帽》中的大灰狼或《三只坏脾气的山羊》中的山怪之类的形象会让你年幼的孩子感到恐惧，那你不妨再退回去，给他讲《三只小猫》和《晚安，月亮！》之类的故事。这既是为了孩子好，也是为了你好。

倘若让一个容易受到惊吓的孩子观看《恐怖剧场》，那么不难想象，这天晚上你们一家三口就得挤在一张床上睡觉了。

如果你的孩子怕黑，试试给他留一盏夜灯

将"开着灯睡觉还是关着灯睡觉"这一问题升级到"战争"地步的父母多得令人吃惊。无论家长找出什么依据，孩子总能找出理由对抗，而且往往会取胜。

如果孩子正在经历艰难的"夜晚恐惧"期，让他开着灯睡几个晚上并不会影响你作为家长的权威。利用三向灯或可调节灯来逐渐调节光线，通常有助于孩子顺利度过这个阶段。在卧室留一盏适宜睡眠的夜灯，或者打开廊灯，也是不错的选择。只要给予机会，大多数孩子最终都能战胜因想象而产生的恐惧。

衣橱里的怪物是想象出来的，恐惧却是真实的

告诉惊恐的孩子衣橱里的怪物都是他想象出来的，其作用大概如同告诉一位饱受偏头痛折磨的人，他的疼痛只存在于他的脑袋里。对付这种恐惧的最佳方式，应该是友善并实事求是地向他证明，衣橱里其实什么也没有，同时给他一些能够转移注意力的贴心小物件，例如一杯热牛奶（但别给他饼干，千万不要制造过多的乐趣），或者给他一两个泰迪熊玩偶陪他一起睡。

有些孩子能够通过富有创意的游戏战胜恐惧

《白雪公主》里邪恶的女巫令你的孩子感到了恐惧？拿出荧光马克笔和大号涂鸦板，鼓励小家伙画一些古怪而疯狂的女巫吧，

然后热情洋溢地给出回应："宝贝儿，这个女巫棒极了——我真喜欢她下巴上那个肉瘤，上面的那根卷卷的长毛也非常酷！"用橡皮泥捏一个女巫也行。而且用橡皮泥捏的话，还有个好处，那就是做好女巫之后，你还可以将这个坏蛋拍成一团泥。

也有些孩子非常喜欢怪物之类的东西

有些孩子就是非常喜欢鬼魂、怪物、幽灵，以及所有在夜里才会跳出来的东西。有时候孩子们就是用这种方法来对抗自己的恐惧，通常情况下，这只是一种无害，甚至无意识的一时着迷而已。正如有的孩子会为恐龙疯狂，有的孩子会因芭比娃娃感到幸福，这些孩子就是痴迷于怪物。只要那些怪物不会让你做噩梦，那就没什么可担心的。

入学

这天吃晚饭的时候，小熊哥哥说："暑假我已经过腻了。我想回学校上课！"

"那正好啊，"熊爸爸说，"很快就开学了！"

听到"学校"两个字，小熊妹妹的耳朵立马竖了起来。

今年小熊妹妹该上幼儿园了。但是她不知道自己会不会喜欢那里。

她喜欢待在家里——有爸爸妈妈……有书和玩具……还有很多好朋友。

"妈妈，学校是什么样子？"

睡觉前，小熊妹妹问。

"明天你就知道了。"熊妈妈掖好被角，给了小熊妹妹一个晚安亲亲。

可是到了开学那天，小熊妹妹心里又开始打鼓了。

"妈妈，要是我不喜欢学校怎么办？"小熊妹妹说，"就是不喜欢怎么办？"

就在这时，大大的校车停在了树屋门口。

"别担心啦！"小熊哥哥说，"学校很好玩，你会喜欢的。
快走吧，要不然赶不上校车了！"

——《去上学》

（选自《博恩熊情境教育绘本：快乐的幼儿园》）

生活是不断向前的，这是必然。在这个过程中，我们会迎来一些改变生活的分水岭时刻：长大成年、结婚成家、为人父母。对于孩子和你而言，最具转变意义的时刻，莫过于小家伙坐上大大的校车去上学了，不是托儿所或幼儿园，而是真正的全日制学校——那里有小霸王四处溜达，必须按照个头高矮排队，还得坐在固定座位上，听老师讲啊讲……不停地讲。

你是小比利或小萨莉过去六年中的第一位老师，你已经帮助他们度过了可怕的两岁、痛苦的三岁，以及淘气的四岁；你已经带着他们熬过了各种儿科疾病，去过急诊室，还经历了一两次家庭危机。现在，你要把这个可爱的小家伙——你历尽千辛万苦孕育的宝贝——交给一个完全陌生的人。

没错，一个完全陌生的人！一个年龄不详、出身不明，也不知道接受过何种教育的陌生人。

"噢，天哪！校车来啦！"一大早就被分离焦虑笼罩的妈妈喊道，"噢，宝贝儿，快！吻别妈妈，然后赶快去校车车站，其他孩子都在等着哪。等一等，还是我跟你一起去吧。"

就这样，妈妈的分离焦虑也传染给了孩子。

完全没必要这样。没错，孩子第一天去上学是会有一些紧张，但也有不少办法可以帮忙缓解紧张，让妈妈的小宝贝顺利转变成开开心心、精神抖擞去上学的小学生。

下列想法和建议或许会有所帮助。

让孩子做好上学准备

詹姆斯·瑟伯[①]在一个短篇故事中讲述了自己小时候在俄亥俄州哥伦布市看电影的经历：

在露台上总坐着一名男子，每当电影就要开始播映时，他总会大喊一声："做好准备！"

做好准备——这正是帮助孩子顺利入学的关键。

妈妈对于要将自己的小宝贝托付给一个完全陌生的人感到担忧，那是她自己应当解决的问题。每次开学前，学校都会提前至少两个星期开放接待，以便孩子为新学年的到来做准备。给学校打个电话，告诉相关工作人员，你想带即将入学的孩子去学校看看，让他熟悉一下校园环境，或者跟未来的任课老师见见面。这样的请求学校一般都会表示欢迎，他们其实十分珍视对学校感兴趣的家长。

如果小比利或小萨莉对入学这件事表现得比较轻松，那么不打招呼直接带他们去学校操场看看，或仅仅是顺路看一眼，都足以减轻孩子心中的焦虑。

如果在此之前孩子已经上过半天制的幼儿园，那么帮他做入

[①]美国作家、漫画家，擅长刻画大都市中的小人物，代表作为《当代寓言集》。

学准备就更不成问题了。

但幼儿园和一年级，就如同能唱字母歌和能在考卷左上角第一行写下自己的名字一样，相去甚远。

别忘了爸爸

就好像小家伙入学第一天一切还不够棘手似的，爸爸这时跟跟跄跄地登场了。他隐隐约约感觉到有大事要发生，出于动物机敏的本能，他猜到可能是小家伙要上小学了。

"幼儿园呢？孩子们不都是先上幼儿园吗？"他一边问，一边用长长的鼻子嗅了嗅空气，那对粗糙的耳朵在微风中像波浪一样颤抖着。

"他上过幼儿园了。"

"就是画手指画、搭积木之类的时候？"

"是的。"

"唔……"

大块头有些担心。

调教孩子是一件严肃的事情，自己是否一直让女性承担了过多的责任？或许现在弥补还来得及。他摇晃着大脑袋，迈着沉重的步伐走向小家伙。小家伙这时正在象群边缘吃草。他开口叫"孩子"。（给小象的建议：当他们开始叫你"孩子"的时候，一定要当心）"孩子，我知道你就要升入一年级了。从现在起，你在学校干的每一件事都会记入档案。你脑子够用，家庭背景也不错，所以你没有理由不成为班里的尖子生。我说明白了吗？现在，赶紧升入一年级，去干大事吧！"他咆哮道，说完就踏着低矮的灌木丛走开了。

小家伙会怎么做呢？他的确升入一年级，去干大事了。他吐得到处都是。

入学须知

一般而言，一年级的老师会期望自己的学生能够区分左右（一些大人也始终把握不准这个问题），会写自己的名字，能够数数，懂一些关于字母表的实用知识，并且能够安静地坐上至少五分钟。

一年级的老师也明白，在每一个即将开课的一年级班级中，学生的能力千差万别。举一个极端的例子，小艾斯米从两岁就开始阅读《大英百科全书》，能够依次背出亨利八世六位妻子的姓名，还知道哪两位最后被送上了断头台。大块头鲁道夫则是另一种极端，当你问他叫什么时，他竟然蹙起了眉头。

比利或萨莉大概会超乎老师的预期——所以你允许他们看《芝麻街》也不是百无一用。

在一年级，你的孩子会学到更多关于数字的知识，而不只是数数；学会如何同其他人相处，而不只是互相推搡；还有完全超乎你想象的——学会听从指示。但在一年级，最主要的事情是阅读。

大多数学校采用的是拼读和识字双管齐下的综合教学法，这是一套经过时间检验的方法。大多数一年级老师在阅读课上，会根据孩子们的能力，将全班分为三个小组。鉴于比较会令人反感，老师们会用不具有任何价值判断的名称命名阅读小组，例如青鸟组、红雀组和知更鸟组。然而，孩子们可没那么容易被糊弄。

妈妈们也一样。"宝贝儿，你在哪个阅读小组？"她问道。

"红雀组。"小家伙说，"就是笨蛋组。"

为免妈妈们以为自己的孩子被丢进了废物堆，在此要提醒妈妈们，老师的意思并不是——再说一遍，不是——说你的孩子是个笨蛋。她可能只是觉得，考虑到各种因素，你家的小宝贝或许还没有像其他孩子那样做好阅读准备。如果你为此感到担忧，不妨找老师谈一谈，这完全无伤大雅。让孩子在家里做一些难度较低的阅读也会有所帮助。

老师也可能会说"不用担心"，然后告诉你比利或萨莉是班上年龄最小的孩子。当你比较小家伙和其他同学的进步程度时，最好记住，无论是哪所学校的一年级，最小孩子与最大孩子的年龄差距都会高达百分之十八。这个差距非常大，尤其是在孩子发展变化十分迅速的小学阶段。

及早培养孩子良好的家庭作业习惯

一年级的孩子不太容易接受家庭作业，但一年级小学生比利和萨莉几乎刚一入学就有了家庭作业。

从今往后，家庭作业将是你和孩子生活中非常重要的组成部分，直到孩子升入高中。因此，你应该在孩子入学第一天就开始帮他培养良好的家庭作业习惯。

如何将家庭作业纳入全家人的家庭时间表完全取决于你和孩子，因此你应当建立起强制性的有规律的生活方式。在接下来的几年里，孩子的家庭作业可能会根据任课老师和课程的不同而有所不同，但有一点是确定无疑的：导致孩子学业失败的最常见原因，就在于不能及时完成家庭作业。

学校需要你

很多妈妈（也有不少爸爸）都有能力参与并协助学校的工作。简单一些的，比如护送比利或萨莉的班级去参观动物园、艺术博物馆或农场，都对校方的工作有所帮助。

或许你具有某种专门的技能和资质。虽然你做高中曲棍球队的副队长是很久以前的事了，但你还是可以考虑帮女儿的球队进行训练。这么做不仅能让她自豪地向别人炫耀："那是我妈妈！"而且，跟着女孩们跑来跑去说不定还能帮你减掉一两磅赘肉。

是不是也有爸爸像电视节目《老房子》里的诺姆·亚伯兰^①那样，擅长使用各种工具呢？倘若如此，他可以在春季筹捐会时帮助搭建台子和摊位。

你可以每周抽出一个下午在学校办公室帮忙接听电话，也可以每周抽一个上午在操场执勤，还可以帮忙组织一年一度的糕点或服装义卖会。

在预算被削减、发行教育公债的提议也无奈遭到否决的情况下，校方需要尽可能多的外援。

当然，你自愿施以援手是出于高尚的公民责任感，不过，当你需要校长给予一些特殊待遇时这绝没有坏处，例如让小比利或小萨莉提前一个星期开始休春假。

自主教育

根据美国自主教育协会统计，在美国大约有百分之四的适龄儿童在家接受教育。这个比例或许不算高，但这还是意味着有大量孩子在以这种方式接受教育。

自主教育的优点在于，这种方式可以让你的孩子不用面对竞争激烈、以考试为导向、无宗教色彩、经政府认可、地域和种族多样性等公共教育无法避免的问题。

而自主教育的缺点也在于，它令孩子规避了竞争激烈、以考

---

①美国房屋修缮电视节目《老房子》中的首席木匠。

试为导向、无宗教色彩、经政府认可、地域和种族多样性等这些公共教育最基本的特点。

父母选择对孩子进行自主教育的理由多种多样。其中，有相当多的父母是出于宗教方面的考虑，这些父母坚定地认为，宗教应当是他们实施的自主教育中不可或缺的部分。对孩子进行自主教育是一项非常繁杂的工作，由于美国各州对基础教育有着不同的规定，这项工作就更加复杂了。

有的父母选择自主教育则是由于在他们看来，自己孩子对教育的需求远远超过了当地学校所能提供的范围，因此他们只能选择让孩子在家接受教育。

孩子比较孤僻，或者身体存在缺陷的情况，也会促使一些父母选择自主教育。只要他们能够履行各州对基础教育的相关规定，家长的这种权利就受到美国宪法的充分保障。

这种做法并没有错，但社会上始终有人对这种教育方式表示质疑：接受自主教育的孩子是否会缺少社会化的机会？是否会因没有机会接触多地域、多种族的外界而难以适应多元文化？

无论你在哪里，无论你以怎样的方式教育孩子，你能做的最美好的事情莫过于，看着孩子得到教育所带来的巨大益处与滋养。

性教育基础课

小熊妹妹还是个小不点的时候，就喜欢黏着小熊哥哥，和那些男孩一起玩。这可有点烦人，因为她跑得没他们快……

　　……

　　不过等她长大后，情况就不同了。她还是喜欢黏着哥哥和他的朋友们，但不再是有点烦人——而是非常烦人。她变得很能跑，跑得比小熊哥哥和他的朋友们还快。

　　"看她跑得！"熊爸爸说。

　　她很会爬树，爬得比他们还高。

　　"哦，天哪！"熊妈妈说，"真希望她小心些。"

　　她赢走了他们所有的弹珠。

　　"真不错，妹妹能跟哥哥和他的朋友们玩得那么好，"熊爸爸说，"看，他们要开始比赛打棒球了。"

　　"是啊，"熊妈妈说，"但我还是有点担心，毕竟她是那群孩子里唯一的女孩。""哎呀，希望他们不是认真的！"熊妈妈说。

"好啦，熊妈妈，"熊爸爸说，"这种时候可不分男孩女孩，关键是能不能玩好——快瞧，她刚刚击出了一个全垒打！"

"话是没错，"熊妈妈说，"可是你回头想想，要是你小时候跑步、爬树、打球，样样都不如一个小丫头，你会乐意吗？"

熊爸爸想了一会儿。

"我肯定不乐意。"他说。

——《男孩女孩》

（选自《博恩熊情境教育绘本：快乐的21天》）

迟早你都得给孩子讲性的问题。宜早不宜迟。

这是一项棘手的工作，可是总得有人来做。要是你不做，就会有别人来做：口无遮拦的电台节目主持人、超级碗的中场表演、嘻哈音乐的歌词……以及任何一部你说得出的黄金档电视剧。

给小宝贝讲解被英国性心理学大师埃利斯①称为"生命之舞"的热辣探戈，会让你觉得困难吗？也许吧。你觉得自己已经克服的口吃会旧病复发？或许会吧。有时候孩子会用怪异可怕的目光瞪着你或用刁钻古怪的问题难住你吗？例如这样的："听着，妈

---

① 英国著名性心理学家、思想家、作家和文艺批评家。

妈，我知道你有卵子，爸爸有精子，然后它们在你肚子里变成了宝宝。可是，我想知道的是，一开始爸爸的精子是怎么钻进你肚子里的？"不用怀疑，绝对会有一堆刁钻古怪的问题。

不过，也有可能直到你充分准备好，这些刁钻古怪的问题才会出现。

你不需要过早拉开这场好戏的大幕。人们常挂在嘴边的箴言——"回答孩子，别回答问题"是一个不错的开端。你的回答应该简单、直截了当，并且符合孩子的年龄特征。你应当避免含

糊其辞、左躲右闪的回答，那只会促使渴望探索性知识的小家伙去别的地方寻找答案——天知道小家伙会在校车上学到些什么。

此外，过犹不及惹来的尴尬也曾在一则古老的性教育笑话中得到过形象展示：

跟赫比玩耍之后，小比利回到家，向妈妈问了那个经典问题："妈妈，我是从哪里来的？"

妈妈一直在阅读这方面的资料，并焦急等待孩子提出这个问题。她立即开始夸夸其谈：勇气十足的精子们在输卵管里争分夺秒，勇往直前，在孤注一掷的最后一搏中，一个幸运儿钻进了一颗成熟的卵细胞……之后这两个小东西黏附到血液丰富的子宫壁上，一起在这里谱写着美妙的乐章……最终它们变成了小宝宝，欢欣鼓舞地来到这个对他们翘首以盼的世界。

"这个过程被称为生命的奇迹。好啦，现在弄明白你是从哪里来的了吗？"妈妈说。

"哦，"小比利看起来有些迷惑，"我刚才跟赫比玩，谈论起我们是从哪里来的，他说他来自匹兹堡，然后我想知道我是从哪里来的。"

沉默。妈妈希望有人能敲敲边鼓帮帮她，可是身边没有鼓手，她只好尴尬地站在那里。

让我们倒一下带，再给妈妈一次机会。又一次，小比利跟赫比玩耍后回到家，问道："妈妈，我是从哪里来的？"这一次妈妈小心了点，也更加慎重了。

"嗯，"妈妈说，"跟我说说，宝贝儿，赫比说他是从哪里来的？"

"匹兹堡。"小比利回答。

"那么，"妈妈说，"你可以告诉赫比，你就来自这里，美好的老旁苏托尼。"

给孩子讲得太多、太早，真的会对孩子造成伤害吗？曾经有一位母亲就有这样的担忧，并向我们寻求安慰。当时我们正在巡回宣传《如何给孩子讲述性知识而不显得蠢头蠢脑》，这是我们以此前为自己的两个孩子讲解性知识的尴尬经历创作而成的一本书。在一期电视谈话节目中，我们同主持人及联合主持人一起坐在沙发椅上，准备回答观众们提出的问题。这时喇叭里传来一位苦恼母亲的声音。

"我跟九岁的女儿之间出了一点状况，我不确定自己处理得是否得当。我想知道几位嘉宾怎样看待这个问题。"

"什么状况呢？"主持人问道。

苦恼的母亲说："唉，女儿在一个不恰当的时间进了我们房间——然后，你们懂的，她看到我们……她非常沮丧，所以我……你们也知道的……就把一切都告诉了她……你们知道的，就是为了制造小宝宝爸爸对妈妈做的一些事情，等等。然后她说——这才是令我担心的——'噢，妈妈，我决不会做那种事情的！'你们觉得我对她造成伤害了吗？"

空荡荡的演播室顿时陷入沉默。主持人嘴巴大张，却说不出一句话来。联合主持人也是如此——恰好她曾经还是一名修女，后来从修道院里"逃"了出来。博恩斯坦团队中的男成员也紧咬牙关、缄口不语。不过，智慧的熊妈妈想出了能够宽慰对方的答案。"我不会担心这个问题，我想她以后会改变想法的。"

毫无疑问，这个女孩将来肯定会改变想法。

马克·吐温说过很多机智诙谐的俏皮话，其中一句是与天气有关的。他说："人们都谈论天气，却没人会参与半分。"

关于性则恰恰相反。不是人人都会将其挂在嘴边，但是人人都会参与其中。你的孩子也不例外。因此，解决这个问题刻不容缓。下面这些建议或许能帮助你完成这项艰巨的任务。

使用科学术语

及早告诉孩子正确的解剖学术语。最容易过时的莫过于人体部位那些矫揉造作的别名。在孩子还小的时候，你会自然地想起自己小时候对一些身体部位的叫法，但总体而言，在能够自如地说出恰当的科学术语后，你最好立即忘记那些幼儿式说法。

在不借助昵称的情况下，同孩子谈论身体部位不是一件容易的事，尤其是当他们渐渐长大以后。针对难以说出"阴茎"、"阴道"和"阴囊"的父母，我们的建议跟《纽约客》中给一位询问如何进入卡内基音乐厅的外地人提供的建议相同：练习，练习，练习！如有必要，对着镜子练习。不过，可不要被别人看到。

懒人原则（简单直接）

记住，大约要到五岁以后，孩子才会意识到他们关于性的疑问别具内涵。千足虫真的有一千只脚吗？（不是的——正确的答案是一百双。）太阳在清晨初升的时候为什么是红色的？（因为那时我们是透过地球大气层这个变形的镜面在看太阳。）为什么月亮挂在低空的时候看起来那么大，升起来的时候却那么小？（这个问题很棒，等爸爸回来以后去问他吧。）在回答孩子有关性的问题时，最好的方式就是简单、直接，符合他们的年龄段。

今非昔比

很早以前，在我们小时候，人们对怀孕的恐惧足以牵制住性解放的脚步。那时，绝大多数青春期的少男少女都仅止于搂搂抱抱、亲亲嘴而已。可今非昔比，如今的父母和孩子都跟以前不一样了。虽说现在还不是世界末日，但也接近了。家长们能怎么办呢？

自我教育

有一件事你可以做，那就是开展自我教育。看看你应该了解哪些知识，才能具备足够的能力同孩子探讨以下话题：人类性活动和繁殖、各种节育产品的失误率和成功率、约会被强奸的危险、通过性传播的疾病，以及可怕的艾滋病。

避免使用恫吓的手段

如果你觉得威胁可以吓到孩子，那他们就不会是吸烟人数逐步增加的唯一群体了。请以实事求是的态度，平静地向孩子展示关于性传播疾病和意外怀孕的介绍材料，不要摆出高高在上的样子。

禁欲和节育

无论你以怎样的方式向孩子提起意外怀孕的话题，禁欲和节育之争都注定会出现。一种解决这个对立难题，而不是完全回避问题的方法，是让孩子明白，人类的生殖系统是多么高效的宝宝制造机，没有保护措施的性行为非常危险。怀孕不意外，没有怀孕才意外。

你是注定要承担重任的那个人

当触及至关重要、难以拒绝，并且影响深远的性问题时，你是注定要承担重任的那个人。

你有责任教养孩子，武装孩子的头脑，让他有能力抵御青春期不可避免的同辈压力。你足够了解自己的女儿，有能力判断自己能否向女儿证明禁欲的必要性。你能够给儿子打好预防针，以免他参与男生之间盛行的丑陋而有害的攀比性伙伴数量的游戏。你身处持续而无孔不入的性爆发环境，而这正是你的孩子必须面对的环境。

不要慌乱。只要坚持住，全力以赴就好。

文明用语

一天下午，小熊妹妹正在想着一个人该干点儿什么好呢，电话铃就响了。

是丽兹打来的，约小熊妹妹去她家玩。

"把你的娃娃带来，咱们玩过家家，然后还可以看电影。"丽兹说。

小熊妹妹把娃娃放进小推车里，兴冲冲地向丽兹家走去。

丽兹正在家门口等着呢，她帮小熊妹妹把娃娃搬进自己的房间。小熊妹妹上次来的时候，她们也是玩了过家家，所以今天她们接着上一次玩。

渐渐地她们的玩偶发生了争执，开始冲彼此嚷嚷起来（实际上是小熊妹妹和丽兹拿着玩偶在大声嚷嚷）。她们的游戏太吵了，丽兹的妈妈叫她们安静一点，于是她们决定看一部电影。

"瞧，这是巴瑞租来的。"丽兹说，"咱们就看这个吧。"巴瑞是丽兹的哥哥。

“好啊。”小熊妹妹同意道。

电影的名字叫《高中生的烦恼》，讲的是高中生的故事。

电影里的人说的有些话小熊妹妹听不懂，他们生气的时候说的一些词，小熊妹妹从来都没听过。她猜想，这些词可能和“讨厌”或者“笨蛋”的意思差不多，只不过是大人们的说法。

晚饭时，小熊妹妹向爸爸妈妈和哥哥说起今天看的电影。讲到激动人心的情节时，小熊妹妹一挥手，本来想表达电影有多么棒，却不小心打翻了杯子，牛奶洒了一桌。

小熊妹妹本来想说“哦，讨厌”或是“笨蛋”，电影里的那个词突然出现在她的脑海中，然后，她大声地说了出来。

全家人都愣住了。熊妈妈、熊爸爸和小熊哥哥吃惊地看着小熊妹妹。

“哦，不好！”小熊妹妹想。

——《有样学样》

（选自《博恩熊情境教育绘本：天天向上》）

为人父母以后，你会碰到的一个不便之处是，在孩子面前你必须净化自己的语言。实际上，你经常会尴尬地发现，在复制或许是在无意中听到的脏话时，孩子就是一台高效反射器。

你不可能总是靠着颠倒字母顺序、改变单词原本的结构来隐藏脏话，你也不能用外语说脏话（考虑到孩子们公认的语言习得能力，这样也不稳妥），因此，对于这个问题，最简单的解决之道，就是让所有不得体的语言从你嘴里消失。

可是，积习难改。

为了避免继续说出不得体的字词，你或许有必要制定一套针对口头禅的惩罚规定。如果再加上一些具体章程，比如犯错的家长必须向没有犯错的一方缴纳罚金，那么这个规定的效果将会进一步增强。你可以制定类似下方这样的表格：

对于说脏话、粗话及其他不文明语言的惩罚

该死的	25 美分
亵渎神灵的话	50 美分
任何庸俗下流的词汇	75 美分
无故涉及某项人体器官	1 美元
那个"F"开头的骂人话	2 美元
完全失控	5 美元

考虑到男性容易在更衣室说一些亵渎神灵的脏话，上述惩罚似乎对爸爸们有失公允。可是，谁说过生活是公平的？

净化自己的语言这种做法很不错，但对于外部环境中存在的粗鄙、下流因素又该怎么办呢？

以下建议和想法或许能够帮你抵抗那些来自外界的洪水猛兽。

明确地告诉孩子，你再也不想听他说从外面学来的脏话，就像你不愿意看到他把死鸟、蛇或流浪猫带回家一样。小家伙或许根本不知道自己说出的脏话意味着什么。如果是这样，你就应该做好准备，向他解释这些话的含义。不过，更重要的是，你应该想好怎么向他解释为什么别人会说这些话。(你尽可以参考《有样学样》中，熊妈妈在面对这个问题时教训熊妹妹采用的语气和方法。)

当别人说你思想守旧甚至是假正经时，一定要坚持自己的原则。

听到脏话时不要情绪失控，也不要让自己变成一个讨厌鬼。要让孩子知道，有趣和粗俗是不同的，你并不觉得动画片《辛普森一家》中巴特·辛普森断言的"一切都糟透了"很有趣。

你完全有权禁止孩子观看任何你认为过于粗俗的电视节目。不过，这么做会产生一个难题——你或许就只能看《天气预报》《动物星球》和少儿节目《罗杰斯先生》了。

有时候，你或许会感到自己这么做就像克努特国王①试图阻挡海水一样徒劳，然而这并不是毫无用处。目前，家长们对文化日渐粗俗之势的抗议越来越强烈。不过，尽管家长们一直在抗议，那些享有声望的正规机构竟也逐渐加入这股逢迎庸俗口味的洪流。在过去几年里，电视连续剧至少还略微克制，采用双关语，可如今，他们已经会毫不隐讳地聊一些不能登大雅之堂的事情了。

享有声望的《纽约时报》在儿童畅销书单中，经常收录一部有关一只肠胃胀气的狗的故事书②。

的确，表示肠胃胀气的"屁"一词早在中世纪就存在了，但

---

①中世纪英格兰、丹麦和挪威国王。据传，克努特的一个臣下曾说克努特是海洋的统治者，于是克努特下令将椅子放在海边，命令海水不准打湿椅脚。这场试验的结果驳斥了大臣的谗言。

②《臭屁狗沃尔特》是由威廉·柯兹温克勒和格伦·默里撰文，奥德利·科尔曼绘制插图的系列儿童读物。

是其他四个被《纽约时报》认为不宜刊登、流传至今的脏词也源于中世纪英语。

倘若《纽约时报》感到绝对有必要报道这只胀气狗的新闻，那他们至少可以简写为"沃尔特，臭 ＿ 狗"。不过转念一想，这样做实际上也没好到哪里去。

说到出版，美国最主要的儿童读物出版机构中，有不少一直喜欢在儿童读物里散播形形色色的厕所笑话和有关人体器官的笑话。

我们发现，早在厕所出现之前，孩子们就一直痴迷于厕所幽默。现在的孩子依然保持着这种兴趣。引用一句宋飞①针对其他问题的名言："倒不是说这件事有什么错。"对厕所幽默感兴趣是孩子们在发育过程中自然会出现的一个阶段。即便没有成年人的怂恿，他们也会痴迷于这种事情。

我们想让时光倒流吗？答案是肯定的。

倒退到什么时候呢？

昨天怎么样？

如果这是自命清高的保守行为，那就是吧！

---

①美国国家广播公司制作并播出的情景喜剧《宋飞正传》的主角。

金钱七阶

小熊哥哥和小熊妹妹知道很多熊王国里的好地方。

……

但他们也不是什么都知道。

比方说，小熊哥哥和小熊妹妹都不太知道怎么管钱。

……

他们买东西不加考虑，也存不下钱。有时，小熊妹妹也会往小猪存钱罐里投几个硬币，可往往还没等硬币上的手温散去，她就把钱摇出来了。

小熊哥哥呢，他压根没有存钱罐。

熊妈妈开始担心：两个孩子花钱毫无规划，太大手大脚了。

一天晚上，熊妈妈跟熊爸爸一起查看家庭账簿时说："我觉得以后要给孩子固定的零花钱。"

"固定的零花钱？"熊爸爸不太明白。

"是的，让他们学着合理用钱——会存钱，有计划地花钱。"

"哦，算了！"熊爸爸说，"他们还小，考虑这些为时过早，让他们怎么开心怎么来吧！以后操心钱的日子多的是。"说完，熊爸爸还叹了口气。

但看着两个孩子大手大脚地花钱，熊爸爸先失去了耐心。

——《不乱花钱》

（选自《博恩熊情境教育绘本：快乐上小学》）

贪财是万恶之源。这种说法或许有待商榷，但毋庸置疑的是，很多时候，愤怒、不幸，以及拍案而起的发泄，都是由孩子和金钱引起的。

零岁到一岁

尽管小比利自己就像一美分硬币那么闪亮，但对他来说，金钱就跟满是灰尘的绒布兔子、死虫子和狗屎一样，只是他想放进嘴巴的东西。

两岁到三岁

虽然小比利对金钱和一切闪闪发光的东西着迷，但在这个阶段，金钱对他来说还只是一种可供观赏的道具。他们只是看着爷爷将硬币放在胳膊肘上表演小杂技或外公将硬币立起来旋转。

四岁到五岁

这时，比利已经有能力接受最基本的经济学教育了，他现在能够理解，金钱是一种交换媒介。不过，在"刷卡文化"大行其道的当今社会，要想以实例阐明以钱易物的概念，或许并不那么容易。

尽管如此，小家伙还是有机会观察到用钱买东西的过程。在"好脾气熊"那里购买樱桃杏仁味的冰棒就是这样的机会。

六岁到八岁

在这个阶段，小家伙很有可能会提出有关零用钱的话题，比如："爸爸，你知道我的朋友鲍比吧？哇，他都有零用钱了！每周五美元（天哪！），他想用来买什么就买什么。"

这时，你有很多选择。你可以采取一种近似哲学的立场，宣称小家伙还太小，还没到拿零用钱的年龄——尽管你自己根本不信这一套。你也可以敲着桌子大吼："你以为钱是从树上长出来的吗？"你还可以哭穷："爸爸现在手头有点紧，咱们下周再商量这件事可以吗？"

你也可以随大流，给小家伙一些零用钱，多少你自己把控。

你或许还可以跟小家伙聊一聊自己动手赚钱的事情，建议他通过完成一些简单的家务来赚取零用钱。

九岁到十二岁

现在小家伙已经有固定的零用钱了，这时你就该向他讲授有关理财的基本知识了。在这个阶段，过度消费和预支下一周零用钱的问题很有可能会冒出来。对父亲来说，这是一个绝佳的机会，你可以给小家伙上一堂重要的课程——破产会造成怎样的后果。当妈妈逼迫爸爸将下一周的零用钱预支给泪眼婆娑的小家伙时，家庭矛盾就会产生。如何化解这一矛盾，就取决于各个家庭自己的选择了。

十三岁到十七岁

在这个阶段，小家伙会逐渐开始接触社会，大量的经验会使

他明白一些财务的复杂之处，例如预算问题。

"好啦，让我看看我是否明白了你的意思。你花光了所有零花钱，就为了跟其他三个家伙合买一把二手吉他？"

动用资金也是一项重要课题。

"不，你最好不要取出账户上的钱。那是你生日及圣诞节的时候爷爷奶奶给的，是供你上大学用的。无论如何……"

为小家伙的理财观打下坚实的基础后，我们就要进入下一个阶段，也是最后一个阶段了。

十八岁及以后

谢天谢地！小家伙终于要去上大学了！当然喽，旁苏托尼社区学院并不是他的首选，而且他也不大确定自己究竟想做什么。不过没关系，现在，孩子们都得花些时间才能找到自我——不管怎么说，爸爸妈妈可不想成为空巢老人。

家有家规

这天，熊王国里静悄悄的。空气像凝固了一样，博恩熊一家住的树屋上，树叶都纹丝不动。

只有蜂巢里的蜜蜂像往常一样忙碌着，一切都显得那么平静。

然而，在这样的日子里，有时也会兴起轩然大波。

树屋里，小熊哥哥和小熊妹妹正无所事事地坐着。

小熊哥哥正举着足球。他最近迷上了踢球，经常在户外练习踢任意球的脚法。小熊妹妹则是歪在扶手椅上，想着该干点什么。

熊爸爸和熊妈妈都不在家。熊爸爸在工作间里忙着赶制家具，熊妈妈出门买东西去了。

"天哪！"她抱怨道，"你根本什么都不想玩，就想抱个球坐着。你一定爱上那个足球了吧！"

"没有！"小熊哥哥反驳道，"但我告诉你，我已经学会带球过人了。"

小熊哥哥球踢得好，带球过人也很厉害。不过，小熊妹妹跟他不相上下。

接下来发生的事，除了他俩，就只有停在窗外树枝上的知更鸟知道。

小熊哥哥和小熊妹妹摆好阵势，球放在中间。小熊哥哥先是右脚运球。接着，他换左脚，用假动作让小熊妹妹切换防守位置。

然后，他又闪电般地换右脚射门。

差点儿就成功了。

但小熊妹妹反应很快，她冲上去，用左膝一挡。球飞向书架，弹到椅子上，又弹到脚凳上。最后撞到熊妈妈最喜欢的那座台灯。

"啪"的一声，台灯掉在了地板上。

知更鸟惊叫一声，急忙扇动翅膀飞走了。飞走的时候，它看到熊妈妈买东西回来了。

和很多家庭一样，博恩熊家有家规。其中有一条是"不能在床上吃蜂蜜"，有一条是"不能用脏脚踩干净的地板"，还有一条是"不能在屋里玩球"！

——《诚实可贵》

（选自《博恩熊情境教育绘本：快乐上小学》）

对于一个家庭来说，制定一套强制执行的规矩，就像法律之于保证政府正常运转一样必要。但是，两岁前，孩子很难真正理解规矩这种抽象模糊的东西。要到小家伙年满两岁以后，他才完全具备五种基本感觉：视觉、听觉、触觉、味觉和嗅觉。

训练一个年幼的孩子和训练一只聪明的腊肠犬没什么区别，而且会更难。腊肠犬天性渴望取悦人类，而孩子的本能则是藏到沙发下面或脱光衣服，赤身裸体地跑到大街上，要不就是把猫从马桶里冲下去。

初始阶段，建立一套家规很大程度上就是行为约束。

举例来说，如果小家伙试图爬到沙发上（他几乎必然会从上面摔下来），你不妨亲切同时斩钉截铁地对他说："不行！"然后将他从沙发上抱下来，用他喜欢的玩具转移他的注意力。

假如你表现出愤怒、沮丧或高声反复强调"不行"，往往会适得其反。那样，小家伙很快就会无师自通跟着你说"不"了。

耐心、重复、分散注意力，这是为孩子立规矩时必不可少的心理要素与技巧。

如果连续四次将小家伙从沙发上抱下来后，你几乎要失去耐心，那么试着站在他的角度来考虑一下眼前的状况，或许能够起到一些作用。通过他的眼睛来看，事情大概是这样的：

噢，他们又来了……这些大家伙到底想从我这里得到什么呢……他们把我抱起来了……他们又把我放下了……不管我想干什么，他们都想让我去干别的……他们究竟出了什么问题？

最终小家伙会"明白"的。他会通过一些小事情逐渐理解，自己正身处一种互惠互利的关系中，他甚至还有可能理解一个迄今都不受欢迎的概念——界限。

让你的小无政府主义者变成一名稳定可靠的公民是一项长期任务，这项工作需要你坚持不懈，付出耐心和拥有强大的内在力量，这种力量源于：你清楚地明白，除了成功自己别无选择。

以下建议和想法或许会对你有所帮助。

简化规矩

规矩的约束力同它的复杂性成反比，因此，你的规矩应当力求简单。例如，"不——要——在——床——上——跳——来——跳——去"就比"求求你了，宝贝儿，妈妈真不希望你在床上跳来跳去。这样太危险了，你有可能摔伤，那样妈妈会伤心的"要好得多。

在规矩中加入惩罚机制也是一条不可或缺的选项，例如"不要在床上跳来跳去，否则今晚就不能看电视了"。不过，正如生活中的其他很多事情一样，这完全取决于个人风格。

越少越好

少量的明文规定绝对比一大堆五花八门的规定更容易执行。比方说行政管理方面，同税法相比，交通规则简直不值一提，前者能装满整整一座图书馆，而后者全都写在你参加驾驶执照考试时拿到的那本小册子上了。

着重强调否定规则

以否定句表述的规则比肯定句要有效。例如，"不——要——去——街——上"就比"宝贝儿，请在车道上安全的区域玩"更容易记住，也更具说服力。此外，你还应当避免使用限定语或举出例外情况，例如，"宝贝儿，只在咱们家车道上玩，不要跑出去，除非是在妈妈或爸爸看着你的情况下"。

但有一点很重要，就是不要过分夸大我们的指令，以免造成律师们所说的"诱人的危险"的情况。

公信力问题

没有什么比父母的公信力更脆弱、更不堪一击了，所以不要制定任何你并不打算强制执行的规矩。"要是你不把这些东西收起来，我就把它们当垃圾扔掉"这样的话一般不太可能产生效果，因为任何一个正常的三岁孩子都知道，你是不会把价值七十九美元的乐高积木扔掉的。所以，相较而言，"要是你不把这些东西收起来，我就把它们锁在阁楼一个月"或许更具说服力。

打，还是不打

在打孩子之前，家长们总会说一句老掉牙的预告性台词"你会比我疼"，但是说出这句话的父母远远没有意识到，这句话有多么正确。包括打孩子在内的任何形式的体罚，伤害的都是孩子与父母之间的爱与信任。

此外，你还应当记住，孩子终将变得比父母更高大、更强壮，而且他永远不会忘记曾经受过的伤。

其实，你有很多行之有效的惩罚措施可以选择，根本无须拳打脚踢。当孩子慢慢长大以后，你可以采用的方法包括暂时解除特权、提前晚上门禁时间，以及禁止外出等。

未雨绸缪

孩子还小的时候，会很容易掌控。但是，当小家伙上了初中、高中，进入大学，不再在你的眼皮底下活动，也不再受制于你时，该如何确保他们不会走歪路呢？最终，连接我们和成年孩子的唯一纽带，是他们对我们的赞赏和爱的需求。内心深处的感情——也就是信任之绳，而不是围裙带子，才是将我们永远与孩子拴在一起，也将孩子永远同我们拴在一起的神秘脐带。

因此，冷静下来吧，争取一周最多发一次火。这样你步入青年的孩子在对镜自问，综合考虑各种情况之后，才有可能仍然认定你是一位称职的家长。

让每个孩子都成为爱书人

"哥哥，你要一整天都在这儿选书吗？"小熊妹妹有点不耐烦。

　　在熊王国图书馆里，小熊妹妹已经挑好了自己的书，在借阅处等小熊哥哥。

　　"别催了，我想找一本好看的冒险小说。"小熊哥哥说。

　　小熊妹妹常常借一些故事类和自然科普类的书，有时也会选一些诗集。小熊哥哥也喜欢这些书，但最近他开始对冒险故事感兴趣，尤其是那种带有恐怖情节的。

　　"嘿，这本看上去不错。"小熊哥哥终于选好了一本，"好了，咱们去登记一下。"

——《不怕黑》

（选自《博恩熊情境教育绘本：天天向上》）

在提供衣食居所，并且给予关心呵护之外，我们能为孩子做的最好的事情莫过于，指引他们走上一条回报丰厚的道路——爱上书籍和阅读。这条道路能让他们有机会同爱丽丝一起穿过镜子去冒险，跟河鼠莱蒂和蟾蜍先生一起乘着船胡作非为，随格利佛造访大人国，进入奇妙的秘密花园，并和苏斯博士一起在麦艾利格特的池塘里钓鱼[1]。

引人注目的互联网的出现并没有削弱阅读的重要性。恰恰相反，互联网不正是一本体积庞大、浩瀚无边的电子书吗？

此外，阅读的经济价值也不容忽视。除非你是第二个泰格·伍兹的爸爸[2]，否则再没有比阅读更好的、能帮助孩子增强谋生能力的方法了。

针对如何培养孩子成为阅读爱好者，下面是我们的一些建议和想法。

为孩子朗读

在走上童书作家及插画家这条道路之初，我们非常幸运地选

---

[1] 分别是《爱丽丝漫游奇境》《柳林风声》《格利佛游记》《神秘花园》和《苏斯博士之麦艾利格特的池塘》中出现的人物和地方。

[2] 泰格·伍兹，美国著名高尔夫球手，被公认为史上最成功的高尔夫球手之一。

择了一位出色的编辑——更确切地说，是我们非常幸运地被他选中了。这位独具慧眼的人物就是西奥多·盖泽尔，也就是二十世纪卓越的儿童文学家及教育学家之一——苏斯博士。

在出任我们的编辑时，泰德（西奥多的昵称）刚刚凭借《戴帽子的猫》脱颖而出，这是他为低幼儿童创作的轻松阅读系列书籍的第一部，这套丛书具有革命性的意义。《戴帽子的猫》直接促成了"苏斯博士启蒙故事集"的诞生，这个系列的读物旨在鼓励并帮助幼儿阅读。泰德全身心投入到儿童阅读推广上，因此继"苏斯博士启蒙故事集"之后，他又为刚刚起步的阅读者创作了"早早读纸板书"系列，针对的是更低龄的阅读者。泰德希望将我们的"博恩熊"也加入到这个系列中。我们在他纽约那间鹰巢般的办公室里见到了他。对于我们为"早早读纸板书"创作的第一部作品，他并不满意。

"还不够简单。得更简单、更容易阅读、更低龄化一些！"他说。

"那你觉得我们应该写得多低幼呢？"我们问他。

他瞪着那双鹰一般的眼睛，用眼角的余光看着我们，假装机密地说："低幼到胎儿都能读。没错，我们要把这些书发射到妈妈们的子宫壁上。"

我们理解了他的要求，创作了《里里外外，上下颠倒》——一本十八个月大的孩子就能看的读物。

沿着这条思路，我们收到了不少准妈妈的来信，她们在信中说，自己常常会为肚子里的宝宝朗读我们的作品。

　　这主意简直太棒了！至于对着肚子朗读是否真的有效果这一问题，我们就留给美国妇产科医师学会的会员们了。

　　我们真的相信，从孩子六个月大开始，妈妈就为他朗读对母子双方都有益。孩子会很享受妈妈膝头的温暖，以及妈妈一边翻动书页一边朗读书中文字的声音。孩子甚至会逐渐意识到，字词与实物之间存在着某种联系。

　　这么做对妈妈也有好处。毕竟，为孩子朗读总比在地上爬来爬去，跟孩子玩开火车游戏要轻松一些吧。

当然，爸爸们不能置身事外。相比妈妈那种甜腻腻的声音，婴儿或许更喜欢爸爸发自胸腔的低沉而浑厚的声音。

我们应该为小宝宝朗读什么样的书呢？非常简单的那些。这样的书市面上有很多，就是那种每页只有一个词和一幅画的撕不烂的纸板书。为孩子朗读的技巧也在于"简单"二字。妈妈（或爸爸）一边指着书中的图画，一边说"球"，然后翻到下一页，说"猫"，就这样继续下去。

如果这样高强度的思维活动令孩子感到厌倦，那就把书交给这个刚冒出牙的小家伙，让他"咀嚼"一会儿吧。

睡前是讲故事的黄金时间

让阅读和书籍融入孩子的生活中，最好的方式莫过于养成睡前亲子阅读的习惯。

读着《晚安，月亮》《拍拍小兔子》《好饿的毛毛虫》或是《里里外外，上下颠倒》（纯属广告！），这段温暖而舒适的睡前时光将是你和孩子一天中最美好的时刻。或许你会想让小家伙自己选择睡前读物，这么做的风险是，没准儿他会连续两周天天都选《好奇的乔治上医院》。

还需要注意的是，擅自改编《好奇的乔治上医院》的话，可要后果自负。只要省略一个片断，你就会招来愤怒的抗议——"你把好奇的乔治偷光绷带那段给漏了！"

一声充满歉意的"哎呀"或许可以弥补你的失误，但千万别再犯同样的错误了。

也有可能爸爸那昏昏欲睡的声调会先将自己哄睡着，这时候小家伙或者会捶着他大声嚷嚷："读书！读书！"或者意识到爸爸累了，比他更需要睡眠，就自己悄悄地爬下爸爸的膝头，在入睡前再摆弄一会儿乐高积木。

欢迎来到鹅妈妈的世界

鹅妈妈、格林兄弟和安徒生都在等着取悦并吸引住你那刚刚对阅读萌生兴趣的小家伙。

经典儿童文学的世界中发生着各种各样激动人心的事情：小猪们离开家，用各种材料盖了房子，结果却被气鼓鼓的大灰狼追得跑来跑去；小杰克把拇指插进馅饼里，然后挖出来一个李子；愚蠢的家伙以为自己分文没有也可以买到馅饼，他还真的那么做了；冒失鬼冒着脚被烫伤的危险跳过火焰……

这是一个充满刺激、冲突、悬疑和迷人角色的极度疯狂的世界。头脑简单的西蒙、机智的杰克、干着活儿就睡着的小男孩布鲁……他们对孩子具有强大的吸引力。如同莎士比亚的十四行诗和科尔·波特[①]的音乐能够走进成年人的生命一样，儿童文学世界中的这些人物也会在孩子们的生命中占据一席之地。

---

①美国著名音乐家，是 20 世纪 30 年代百老汇音乐剧创作的代表性人物。

你家幼小的阅读爱好者会在学校、图书馆和书店邂逅各种各样的作家，因而形形色色的当代经典作品也会自然而然地出现在孩子们面前。书籍和阅读还会渗透进富于想象力的活动和游戏中。如同克罗格特·约翰逊笔下的小男孩阿罗一样，孩子们认为自己也能拥有神奇的紫色蜡笔；莫里斯·桑达克的《野兽国》会让孩子们想象自己心中的"野兽"；"芭蕾小精灵安吉丽娜"或许只是一只小老鼠，但在小读者心中，她已经完成了无数次单脚尖旋转。

书籍和阅读 VS 其他事情

为什么教育工作者、图书管理员，以及像我们这样的写作者为了书籍和阅读这样"小题大做"？为什么我们会宣称书籍和阅读比电视、电影及录像对孩子更有益？

究竟书籍和阅读能为孩子们带来哪些公认的强势媒介所无法带来的益处？

阅读和书籍能够激发、增强和滋养孩子们宝贵的想象力。想一想《金银岛》中吉姆·霍金斯身处的境地：朋友们都远在伊斯帕尼奥拉岛，他自己却跟海盗头子——独脚西尔弗单独待在一起。孩子们会情不自禁地想象自己是吉姆，对吉姆的困惑感同身受（而没有想象的话，根本不会感同身受）——西尔弗的性格真是古怪啊，这个凶狠的老人看起来邪恶，却一直保护着吉姆，对吉姆那么友善。

或者试想一下，如果你是杰克，当家里仅剩一头牛时，你会用它去换一把其貌不扬的豆子吗？或者如果你是嗜好甜食的汉赛尔或格莱特，当你来到一个由女巫控制的糖果小屋时，你又会怎么办？跟这个女巫相比，《绿野仙踪》里那个坏女巫简直像食品公司代言人一样友善随和。

　　书籍和阅读的本质就在于培养这样的想象力，让读者有充分的机会停下来思考，考虑各种可能性，想象书中人物的形象与他们所处的环境，与吉姆、杰克、汉赛尔或格莱特等产生共鸣。

　　电视、电影和录像是无法做到这些的。这些媒体所能提供给观众的，就只是坐下来，然后被跳动的影像、震耳欲聋的声效和跌宕起伏的音乐共同营造的凶猛力量淹没。观众无须动用自己的想象力，有人已经帮你想象好了。孩子们只须转动眼球，茫然地盯着屏幕就可以了。

　　所有书籍都能激发并培养想象力吗？由于我们在这里讨论的是书籍和阅读的本质，而不是书籍的品质，因此答案大概是肯定的。但这又引发出一些相关的问题——孩子应该读什么样的书？家长应该如何鼓励孩子阅读？

让孩子自己挑选书籍

尽管家长完全可以温和地引导孩子选择"好书"——这也很明智，但当孩子开始感觉自己有了一定自主权的时候，他们最不愿听到的就是别人告诉他们应该与哪些人为友，应该穿什么衣服、听什么音乐，还有就是应该读什么书。

当然，你会希望自己的孩子多接触经典名著，欣赏优秀的文学作品，可是，如果孩子的兴趣转向了《慑魄惊魂》这样的流行读物或是有关滑雪的最新书籍，你也无须烦恼。重要的是孩子在阅读。

无论你的孩子形成了什么样的阅读习惯，都要去鼓励和支持他！你不就是伴着《甜蜜高谷》《忍者神龟》和印在泡泡糖包装纸上的小笑话长大的吗？可如今，你还是变得这么有修养，这么优雅啊！

小心陌生人

回家的路上，小熊妹妹坐在车前排，小熊哥哥坐在后排，身边放着妈妈刚买的一桶苹果。"怎么样，玩得开心吗？"熊妈妈问。

　　"还可以，但我觉得陌生人太多了！"小熊妹妹说。

　　到家后，小熊妹妹和熊妈妈一起准备做苹果酱。熊妈妈说："爸爸说得对，不要随便和陌生人说话，也不要拿陌生人给的东西，更不要跟陌生人去任何地方。"

　　"不过，"熊妈妈接着说，"并不是所有陌生人都是坏人。比如草坪上的人，他们可能都很善良，更不会伤害像你这样可爱的孩子。嗯——一筐苹果里总有几个坏的，人群中的陌生人也一样。小孩子只要当心那些'坏苹果'就行了。"

　　"看，我发现一个坏苹果，坑坑洼洼的，形状很奇怪。"小熊妹妹说。

　　"嗯，这苹果看上去是有点奇怪，"熊妈妈说，"但它不一定是坏的。判断一个苹果或者一个人的好坏，不能光凭外表。"

熊妈妈把苹果切开，"看到没有，里面是好的。"

"现在，再看看这个苹果，外表看起来没问题……可是……里面都是虫子。"

"真恶心！"小熊妹妹说。

——《小心陌生人》

（选自《博恩熊情境教育绘本：快乐上小学》）

在我们为博恩熊系列图书创作的数千张插图和所有故事中，"生虫的苹果"引起的反响最大。我们收到了数百封家长来信，感谢我们帮他们解决了一个重要问题。这个问题的本质决定了家长们在面对它的时候，会陷入两难境地：如何让孩子学会防备陌生人，同时又不变成杯弓蛇影的胆小鬼？

考虑到家长们是如此恐惧，在我们的文化缝隙中，萌生起一个致力于儿童安全的小产业也就不足为奇了。在学校中，友善的警察通过做报告提醒孩子注意安全已经变得跟向国旗效忠宣誓一样常规。现如今，知道拨打报警电话的孩子比能够唱出经典童谣《玛丽有只小羊羔》的孩子都多。在超市停车场的儿童身份跟踪器上，你可以让孩子录入指纹。此外，许多网站都提供便捷的儿童身份识别工具，包括专门采集DNA样本的小瓶子。

我们丝毫没有贬低这些措施的重要性，我们只是着重探讨预防工作，因为防患于未然会起到四两拨千斤的效果。但的确，这个话题蕴含着太多四岁大的比利难以理解的深层含义。

你打算什么时候跟孩子谈陌生人存在危险这个话题呢？你会以怎样的方式开始这场谈话？在温和的环境里进行空谈对年幼的孩子基本没有用，以日常琐事为背景开始探讨这个话题，他们反而更容易理解。例如，当孩子问起这些问题的时候："妈妈，为什么在商场里我必须要抓着你的手"或"为什么我不能自己去鲍比家"或"你干吗非得陪着我去校车站不可？你这么做让我在别的孩子面前像个小宝宝"。

上述这些问题，或是日常生活中出现的其他类似问题，都可以成为你向孩子提这个话题的绝佳机会。谈话的具体方式你可以自行决定。尽管书本上有许多建议（眼前这本就是），但是没有人比你更了解自己的孩子。

无论以怎样的方式开篇，在孩子能够独自出门以后，你都要尽快和他谈一谈这个问题。这很重要，跟你叫他不要跑到街上去玩一样重要。疾驰而来的车辆带来的危险，是连非常年幼的孩子也能轻易理解的——只要跑到路中间，你就会被压得比扁平男孩斯坦利①还扁。

相比之下，陌生人带来的危险更模糊，也更复杂。那是种凶残而无法估量的"潜藏在人心底的邪恶"（这句话出自早些年的广播剧《阴影》②），是一些你不太愿意向四岁大的孩子提起的事情。

可陌生人带来的危险是真实存在的，而且我们在帮助孩子理解其本质的同时，应尽量避免在孩子心中留下阴影。你肯定也不想让有关陌生人的话题变得那么可怕，以至于你的孩子认为整个世界就是一个充满妖魔鬼怪的大木偶剧场。熊妈妈借用"苹果桶"的例子说明了"有些陌生人邪恶而危险，但这类人毕竟是少数"的道理，这种方法令人安心许多。

①美国童书作家杰夫·布朗创作的系列书中的主人公。
②美国广播史上极受欢迎的广播剧。

其实孩子们对坏人已经有所了解。经典儿童故事中的小树林里就充满了邪恶，那里有让睡美人陷入沉睡的坏巫婆，有打算把汉赛尔与格莱特当点心吃掉的糖果屋女巫，还有各种各样邪恶的同父异母的姐妹、巨人和龙。不过，最适合拿来教育孩子当心陌生人的经典童话，还要属《小红帽》。在利用《小红帽》向孩子阐述陌生人有危险这一问题时，你或许可以采用下面这种方式。你刚刚给四岁的比利读完这个故事——赶来解救小红帽的猎人剖开大坏狼的肚子，发现小红帽的外婆就在里面。比利手抱膝盖坐在那里，对大坏狼的恐怖结局感到心满意足。

"哇！"妈妈说，"这个故事太棒啦！"

比利一言未发，他仍沉浸在故事的结局中。

"知道吗，"妈妈继续说，"我觉得小红帽对那个危险、邪恶的大坏狼那么友好可不是一件好事。"

比利斜起一只眼睛看着妈妈，觉察到妈妈还有话要说。

"当然，"妈妈继续说，"我们周围没有危险、邪恶的大坏狼，可还有其他危险、邪恶的人……"

如何将这个话题深入下去由你自己决定，但这很大程度上取决于孩子的性格。如果你的孩子天性警觉，那么小红帽遭遇大坏狼的故事就足以使他明白这个问题了。可是，如果你的孩子是会对每个擦肩而过的陌生人大喊"你好"的超级热情类型，那你就应该再给他讲讲汉赛尔与格莱特的故事。

不过，无论采用什么样的方式提醒孩子当心陌生人，你都应当严谨而冷静，这样的态度才适合孩子。面对非常年幼的孩子，你或许还应当帮助他们明白陌生人的概念。例如，陌生人就是你从来没有见过的人，举一个具体的例子，向孩子阐明什么样的人是陌生人。

很多孩子都会就这个话题继续追问——通常是一些难以对付的问题——例如"为什么会有坏人？""他们会对小孩子做什么？"你别无选择，只能尽力回答。当然，你的回答不应指涉任何具体的人，并且还要确保适合孩子的年龄。以后你有的是时间向孩子详细讲解那些骇人听闻的细节，到那时候，孩子或许比你更了解这个话题。

当今社会，即便非常年幼的孩子也能理解，生活中总有坏事发生。有人打架，有人中枪，有些东西爆炸。在陌生人带来的危险这个问题上，实事求是向孩子说明就可以了。

在《小心陌生人》的最后一页，附有一份名为"小熊哥哥和小熊妹妹的陌生人交往守则"的清单。我们收到过许多家长的来信，告诉我们这本书帮他们解决了如何向孩子阐述陌生人有危险这一棘手问题。其中有不少家长还详细告诉我们，这份清单曾帮助他们的孩子避免了哪些危险事件，这些事件的骇人指数从普通级到毛骨悚然级，无所不包。

其中一个例子尤其令人感到恐惧。这封信来自一个九岁女孩的妈妈，她告诉我们自己的女儿曾遭到猥亵，可小女孩一直不敢透露这件事情，因为猥亵者——他们的邻居——警告小女孩，倘若她将这件事情说出去，就会杀死她的爸爸妈妈。一直到事情发生几个月后，这位母亲和女儿一起读到这本书的最后一页，看到了那份清单，小女孩才终于没忍住说："妈妈，我就碰到过这种事情。"妈妈报了警，事情得到了证实，那个邻居被定了罪，现在正被关在监狱里。

我们对这样的家长来信心怀感激。毕竟，我们给大家讲述生活在熊王国深处那条洒满阳光的小路旁的博恩熊一家的故事，希望这些书能陪伴大家是一回事，而得知这些书真的对孩子和家长们有所帮助则是另一回事。

我们重新对书中的清单做了补充，并附在下文中。希望你愿意跟孩子一起阅读这份清单。

小熊哥哥和小熊妹妹的陌生人交往守则

1. 不要跟陌生人说话。多数陌生人是好人，但正如熊妈妈说的那样，一桶苹果里总有几个是烂的。你无法每一次都能分辨出好人坏人，因此最好不要跟陌生人说话。

2. 不要接受陌生人给你的糖果及任何东西。成年人都知道，不应当给不认识的孩子糖果或其他礼物。因此，如果一位陌生人给你糖果——哪怕是你最喜欢的那种——尽快远离他（通常会是男性，但并非绝对）。如果恰好老师、交通协管员或警察就在附近，马上把这件事情告诉他们。

3. 不要跟陌生人去任何地方，尤其不要上陌生人的车。无论他们说什么，都不要跟他们走，哪怕他们说"你妈妈受伤了，她要我带你去找她"或者"我的小狗（或小猫）丢了，请你帮我一起找找"。无论他们说什么，都不要跟他们走。不要让他们靠近你。实在不行赶紧跑，跑进附近的商店，向马路对面的邮递员呼救，或者去找街区加油站的工作人员。

4. 不要独自一人四处瞎逛。无论是在超市还是大型购物中心，电影院或博物馆，你都应当待在妈妈、爸爸或其他带你出门的成年人身边。如果是在星期六去游乐场，或者从校车站往家走，要跟朋友们一起。人多会更安全一些。

5. 不要对父母隐瞒秘密，尤其是有人不让你告诉爸爸妈妈的时候。要你隐瞒父母往往意味着要伤害你。父母爱你，如果有人威胁他们或者你，他们会保护你免受那些人的伤害。如果发生威胁事件，立即告知父母。他们知道应当怎样处理。

6. 身体是自己宝贵的财富，任何人都无权触碰，特别是隐私部位。如果有人试图摸你的私处，无论这个人是陌生人还是你认识的人，都要尽快远离他，并将这件事告诉爸爸妈妈。重申一遍，他们知道应当怎样处理。

7. 靠常识判断。并非所有事情都有据可依，因此你需要运用常识。常识就是在准则不适用的情况时，可以告诉我们应该怎么做，从而帮助我们的知识。

像家长们担忧的许多其他事情一样，陌生人带来的危险也存在一个矛盾：一方面家长们应当随时注意这种危险，严密监督孩子的活动情况；另一方面家长们也要明白，需要培养日渐长大的孩子的自主意识和信任感。不过这个矛盾并非没有解决之道，你只须采用清单中的第七条准则即可。

健康饮食

熊王国里有一条洒满阳光的小路，路边有幢大大的树屋，这就是博恩熊的家。他们在这里健康快乐地生活着。

　　这里有许多舒适的小角落和大树，居民们都能住得开心又惬意。天气大部分时间都很好。最棒的是，这里有很多美味又健康的食物——鸟儿有虫子和草籽，松鼠有胡桃和橡子，兔子有青草和蒲公英，青蛙有吃不完的飞虫。

　　这里有很多适合熊的好吃又营养的食物：蜂蜜当然是其中之一，还有更重要的——丰富的水果、蔬菜、牛奶、鱼和飞禽。

　　麻烦的是某些熊……养成了吃垃圾食品的习惯。

　　看电视的时候吃，看电影的时候吃，逛商场的时候也吃。在熊妈妈看来，任何时候都可以成为零食时间。

　　一开始她并没太在意，直到有一天，小熊们在厨房里翻箱倒柜，她才发现：他们变得有点圆了。她凑近看了看，好确定一下。

　　没错，从侧面看，厚了点……从前面看，宽了点……从背面看——

　　好吧，没有商量的余地了。小熊哥哥和小熊妹妹绝对不能再吃那些垃圾食品了！

　　"可我们正在长身体啊，我们需要吃零食。妈妈！"小熊哥哥和小熊妹妹抗议道。

　　"好吧，你们的确是在长身体。"熊妈妈说，"问题是你们不光是长高，还变得很圆！小孩子有时候会染上坏习惯，你们俩的坏习惯就是吃太多的糖和零食。"

　　"咱们要重新开始吃健康又营养的食物。"熊妈妈把所有的零食都收了起来。

　　"妈妈，"小熊妹妹叫道，"你要干什么？"

　　"不会是要把这些都扔了吧？"小熊哥哥叫道。

　　"不，我们要把这些东西都收到冰箱里，别想着它们了。"熊妈妈答道，"而且抗议也没用。"

　　"没错，"熊爸爸从工作间里走了过来，"你们的妈妈如果打定了主意，那谁也别想跟她争。"他往冰箱里看了看说："哦，亲爱的，咱们的可乐喝完了，下次去

超市的时候记着买。"

"咱们的可乐时代结束了。"熊妈妈说。她把零食塞进冰箱的时候，有两包掉到了地上。

"嘿！"熊爸爸喊道，"别动我的糖豆和巧克力。"

"这些都要放进冰箱，不能再吃了！"小熊哥哥大声说，"咱们以后都得吃健康营养的食物。"

"等等！"熊爸爸说。可当他弯腰去捡他的宝贝零食时，突然，刺啦！他的裤裆裂了。

这都是吃零食的后果。

——《健康饮食》

（选自《博恩熊情境教育绘本：快乐的幼儿园》）

青少年的肥胖问题已日趋演变为一场危机。各项调查显示，缺乏运动，再加上不健康的饮食习惯，共同导致了肥胖症的流行。

可是，我们能做什么呢？

你可以加入对宇宙快餐联合会的集体诉讼，也可以采取更直接、更具常识性的措施来解决这个问题。

下列二十种方法能够帮助孩子减少热量的摄入，同时加大能量的消耗。

1. 树立好榜样。倒也不必采取约翰·卡拉丁节食法^①之类的极端措施，只需减少食用甜食或其他任何你愿意减少摄入的食物。

2. 想一想你忘记带下楼的东西，让孩子上楼去取。每天这样做五次左右。

3. 把电视遥控器藏起来。

4. 用你那把看不见的射线枪摧毁所有快餐店。

5. 给孩子买一个捕蝶网兜，他每捕到一只活蝴蝶，就给他一点奖励。

6. 宣布家里将不再有咸味零食。

7. 鼓励小家伙出门参加团体活动——什么团体都行。

8. 禁止观看所有电视节目——公共广播公司的节目除外。

9. 不再喝全脂牛奶，改喝脱脂牛奶。

10. 不再吃冰激凌，改吃果汁冰棍。

11. 鼓励小家伙拿起大号，去参加游行乐队。

12. 慢跑去教堂（或其他地方）。

13. 不再吃果汁冰棍，改吃果冻。

14. 将电视机"捐"给镇上的垃圾场。

15. 如果你的孩子已经十几岁了，那就鼓励他去医院当志愿者。医院的食物就是这样，它会让你的孩子主动减少摄入；而医

---

①同绝大多数名人倡导的节食法不同，约翰·卡拉丁节食法非常简单，只要求进食者不要继续进食，直到进食者看起来像约翰·卡拉丁一样。

院志愿者的责任就是那样，它会帮孩子消耗大量能量。当孩子将来申请高校的时候，在医院的志愿者经历还会给他加分。

16. 为孩子配备一个计步器，只要他走完三千米，就奖励他一美元。但是需要明确规定，他不得用这笔钱购买零食。

17. 参加一些正当的公众活动。

18. 让孩子戒掉碳酸饮料，改喝流行的瓶装水。

19. 宣布家里不能出现糖果——或许写着"我爱你"的情人节桃心糖、复活节的软糖豆，以及圣诞节的拐棍棒棒糖可以例外。

20. 在冰箱旁摆一台体重秤。

抵抗同辈压力

"嘿！你等等！"大高个叫住了小熊哥哥，"你还挺有胆量的，我正想找一个你这样的小孩。"

"有胆量？"小熊哥哥没听明白。

"对，有胆量，勇敢。"他亲热地搂住小熊哥哥，"跟我们一起去找点乐子，怎么样？"

其他大孩子也都围了过来。"我想我最好还是……"小熊哥哥说。

"怎么了？不敢？原来是个胆小鬼。"其中一个大孩子说。

另一个孩子开始煽风点火，他像一只鸡一样扇着胳膊，还叫嚷着："喔喔喔，胆小鬼！喔喔喔，胆小鬼！"很快，其他孩子也学起来，边做动作边叫小熊哥哥胆小鬼。

"我不是胆小鬼！"小熊哥哥表示抗议。

"那就证明给我们看。"大高个说，"跟我们一起玩去。"

小熊哥哥不太愿意加入他们，但又不想被说成胆小鬼，于是就跟着大高个一伙往树林走去。

可他越走越害怕。

大高个一伙带他走过一条危险的石头路，穿过咆哮的河流，经过鬼怪老树，左拐右拐，走过好几条弯弯曲曲的小路后，大高个示意大家停下。小熊哥哥看了看周围，又惊讶又高兴。

"嘿！"他说，"这是本叔叔的西……"

"嘘！"大高个捂住小熊哥哥的嘴，"你想坏了我们的好事吗？"

原来，大高个说的"好事"就是偷本叔叔的西瓜。小熊哥哥是新成员，任务自然就落在了他身上。

"本叔叔是我的朋友。"小熊哥哥抗议道，"再说，这样做是不对的！"

可大高个一伙又开始扇着胳膊，冲小熊哥哥嚷着："喔喔喔，胆小鬼！"

"我不是胆小鬼！"小熊哥哥坚定地说。

"那就去摘个西瓜看看。"大高个说道，"本不会发现的。"

小熊哥哥往四周看了看，确实不见本叔叔的影子。而且，加入小团伙多少也让他有点儿兴奋。

"你敢不敢？"大高个说。小熊哥哥没动。

"借你一个胆，这次敢不敢？"其他同伙说。小熊哥哥还是没动。

"借你两个胆，你还是不敢！"大高个一伙一起说。

激将法奏效了。小熊哥哥蹑手蹑脚地穿过草丛，翻过篱笆，经过写着"私人土地未经允许不得入内"的牌子，然后选了一个最大最圆最绿的西瓜。他掐断瓜藤，抱起西瓜。就在这时……

"抓住你了！偷瓜贼！"一个声音喊道。

——《真正的勇敢》

（选自《博恩熊情境教育绘本：天天向上》）

每天我们都能看到关于同辈压力及其严重影响的新闻事件。通讯报道里滚动着国内各个城镇村庄、大街小巷发生的这类事件，报纸的报道也充斥着各种由于同辈压力而产生的冒险行为——从吸食毒品到未成年人吸烟、喝酒，从青少年性行为到肆意破坏公物，无所不有。

情况尤其糟糕的时候，看起来似乎满世界的青少年都沉迷于啤酒，为毒品所累，成了老烟枪或痴迷于性。

但青少年并不是一群天外来客，也不是从石头缝里蹦出来的。他们也都是从我们心爱的小男孩、小女孩一路长大的。从他们还那么小的时候，我们就应该开始对他们开展对抗同辈压力的教育。

否则，就像白天之后是黑夜一样，一旦开始接触朋友，他们就必然会碰到这方面的问题。

就像这个例子：四岁的比利回家了，但他那副模样看起来就像刚才一直在泥地里滚来滚去似的。"天哪！出什么事了？你怎么把自己搞成这副德行？"妈妈大叫起来。

"嗯，别的孩子都在泥里打滚，所以我也必须那样。"比利回答。

这种情况下，你很容易跳着脚怒吼："难道你没有脑子吗？"或"别的孩子去跳悬崖，你也跟着去吗？"

既然这些问题的答案非是即否，那你就不要问这种傻问题了。

你应该趁这个机会提醒孩子，让他对未来有所准备，这才是更明智的做法。你可以这样引导他："宝贝儿，你要知道，有时候朋友可能会叫你去做一些不该做的事情。哎呀，我记得在我小的时候，有一次我的朋友夏琳……"

"你是说就像昨天那样吗？我在赫比的小沙坑里玩，他问我敢不敢吃沙子。"

"我说的就是这个意思。你是怎么做的？"

"沙子一点都不好吃，所以我全吐出来了。"

你应该提醒小家伙，注意防范别人的挑衅、激将——没错，还有那种一而再的激将。（正是在反复受到刺激的情况下，一向规规矩矩的小熊哥哥才做出了令人难以置信的举动——从农夫本的瓜田里偷了一个西瓜。）

同辈压力的致命武器是，对方冲你高喊"胆小鬼"！

这声音回荡在孩子的每个年龄段。谁知道究竟是不是"胆小鬼"的叫声刺激得乔治·华盛顿砍倒了樱桃树，让拜伦勋爵横渡了达达尼尔海峡？

你不应批评小家伙对同辈压力妥协，相反，你应该用一些言简意赅的建议为他鼓气，让他有勇气去抵抗，例如"我可不会被激怒，那样太蠢了"或"他们也一样啊"！

很多小孩陷入困境都是因为在当时的情况下不知该如何作答。

对年幼的孩子来说，同辈压力催生的问题大多是在泥潭里打滚或吃沙子之类。

等小家伙上了小学之后，问题就复杂了。一般来说，在刚入小学的时候，小家伙不太可能碰到太大的麻烦。但是等他升入三年级，你被老师叫到学校去讨论他向别人扔湿纸团或跟其他人一起向芭蕾舞社团的女孩们露光屁股的时候，可不要太吃惊。

因为这样的恶作剧你对孩子进行了惩罚，这时候提及同辈压力这个话题，或许会产生积极的效果。"孩子，我希望你能明白，妈妈和我不准你外出跟你之前干的坏事关系不太大，我们之所以生气，是因为你不懂得明辨是非，那群白痴朋友怂恿你干什么你就去干了。"

在初中和高中阶段，处理和应付同辈压力将更加艰难。孩子渴望被群体接纳，同时渴望摆脱父母的管束，这两种相伴相生的渴求常常会通过涂黑唇膏、染蓝头发，以及穿奇装异服之类的古怪行为表现出来。

不过，在大发雷霆之前，爸爸（通常都是爸爸）或许应当回想一下自己在少年时代穿过的那些滑稽的衣服。

你还应当记住，原本就麻烦不断的青少年时期，会在横冲直撞、为了人类繁衍而存在的荷尔蒙的作用下变得更加复杂。此外，这个问题还涉及文化冲突，由于这种冲突，我们难以讨论向学生开展恰当的性教育的问题，这令状况变得更加复杂。

一方面有人在宣传禁欲宣誓，另一方面又有人在推广避孕套自动售卖机，这最终导致学校陷入一种尴尬境地——在大门口号召学生禁欲，却又在后门向学生分发避孕套。

令人啼笑皆非的是，最容易令家长们大惊小怪的竟然是穿衣风格问题。然而，我们认为，家长们最好毫无怨言地接受正处在青春期的孩子的时尚品位和对异性的痴迷，集中家长权威去对付酒精、毒品和性——这三种年轻人会相互助长的恶习。

青少年时期，男孩和女孩在很多方面都有所不同，但这些不同在本质上并没有差异。男孩们有时候会表现得粗暴、沉默、叛逆，而女孩们则常常喋喋不休或胆怯敏感，好像非常需要别人的帮助。

然而，女孩们天生拥有一个强大且众所周知的武器——哭泣。

以可爱的朱莉娅为例。她找到父母，请求他们允许她在可爱的脚踝上文一圈蝴蝶形状的文身。"这可是最新潮的！女孩们全都在文——麦迪逊、达科他，还有内布拉斯加，所有人！"

"你想都别想，除非我死了！"爸爸咆哮道。

"可是，爸爸，那样太可爱、太性感了！"

"性感？你居然说性感？"爸爸怒吼，脸都黑了。

"求求你了，爸爸，"朱莉娅说，眼泪在她的眼眶里打转，"你胳膊上也有文身啊。"

"没错。"爸爸说，他真不忍心看到女儿哭泣，"可那是因为我以前是海军军人，那个文身是个船锚啊。"

"船锚和蝴蝶……"朱莉娅感觉自己占了理，"我不知道它们有什么区别。在我看来，你这样完全是大男子主义！"

爸爸将问题抛给妈妈，自己则悄悄溜进了书房，嘴里还不停嘟囔："我就知道，从让她打耳洞开始，咱们就走错了路。"

"好啦，宝贝儿，别哭了。"妈妈安慰道。她知道，处理青春期孩子的问题，最重要的三个词就是：协商、协商、协商。

"你有没有考虑过，文身是永久性的？此外，还有一个问题，我确信，蝴蝶脚镯文身跟你的高跟鞋会很配，可它会不会跟你的木底松糕鞋和勃肯休闲凉鞋很不协调呢？"妈妈继续说道。

朱莉娅擦干眼泪，陷入了沉思。文身是永久性的问题或许对她不具有太大说服力，不过她意识到，勃肯凉鞋的说法很有道理。

"咱们这么办怎么样？"妈妈乘胜追击，"不文脚镯，而是在比基尼线上方一点的腰部位置，文一只可爱的小蝴蝶，怎么样？别担心爸爸，我会去跟他说的。"

"噢，妈妈。"朱莉娅大喊一声，一把搂住妈妈，"我爱你！"

镜头淡出。

结束。

（直到下一场危机爆发。）

还有身体穿孔的问题。在同龄人的驱使下，孩子们的这种举动比文身更令家长们火冒三丈。身体穿孔——这是常有的事——与文身比有一样好处，那就是在需要的时候，例如求职的时候，戴着鼻环、眉环或舌环的人可以将这些金属环摘下来。而且走着瞧，久而久之，说不定人力资源经理的队伍中也会有越来越多的人佩戴鼻环、眉环或舌环。

身体穿孔当然也有不利的地方。需要向有意为自己的身体打上烙印的年轻人指出的是，身体穿孔店并非绝对无菌，鼻子、眉毛和舌头感染可不是儿戏。

不过，并不是所有的事情都有协商的余地。对于受到同龄人驱使而进行的吸毒、喝酒，以及其他任何以牺牲健康和安全为代价的行为，不应该留任何回旋的余地。当孩子的卧室里弥漫出大麻的气味，或呼吸间有酒精的气味时，就意味着大麻烦要来了。

天下没有两个一模一样的孩子，世上也不存在两个一模一样的家庭。如何处理毒品和酒精这类严肃的问题，取决于具体的环境和家人之间的关系。

到目前为止，孩子一直是个讲理、负责的人吗？如果是这样的话，同他开诚布公、无拘无束地谈一谈，这样你或许就可以了解状况。他是不是在跟坏孩子一起玩？究竟孩子们只是在自己胡闹，还是受到了其他坏人的影响？尽管贴着"无毒品"的标志，但也有可能是在学校出了问题。

无论潜在的问题是什么，如果父母与孩子相亲相爱，亲子关系牢不可破，那么这些问题通常都会得到解决。或许孩子有必要结交几个新朋友，甚至转校也可以列入考虑范围。

但是，如果孩子已经有吸毒的前科，如果你们的亲子关系十分紧张，你沮丧地认为要解决这个问题对你来说太难了，那么，你或许就有必要求助于专业人士了。学校辅导员、家庭医生等都是你可以求助的对象。孩子愿意接受心理咨询就是好兆头；如果他拒绝这种提议，那么父母自己或许应当去接受一些心理咨询。谁知道呢，或许造成问题的原因正在于你们自己。

完全有这种可能。

积极参加体育运动

当感受到春日第一缕阳光的温暖时，小熊哥哥和小熊妹妹就迫不及待地拿出他们的棒球、球棒和手套，开始为新季度的运动热身。

"依我看，"熊爸爸说，"你们这两个小家伙可以考虑在正规的球场上来几场真正的棒球比赛。报纸上说，熊王国少年棒球联盟不久将要举行选拔赛。你们或许想去报名。"

"噢，等一下，"熊妈妈打断他说，"那是高水平的联盟，那些选拔会给人相当大的压力。"

"压力？"小熊妹妹问，"什么意思？"

"你会和好多别的小熊竞争，而且并不是人人都能入选。"熊妈妈说，"不过你们俩都打得很棒，"熊妈妈补充道："所以去不去你们自己定。"

"开车过去看看也没什么坏处。"熊爸爸说。

"哇！"看到少年联盟的场地时，小熊哥哥不由惊叹起来。这是一块正规的比赛场地，有围栏、界外线、正规的垒位和观众看台，应有尽有。

而且他们都穿着队服！小熊哥哥和小熊妹妹当场就报了名！

他们开始练习防守和击球，为选拔赛做准备。熊妈妈向他们示范如何用球棒截住对方投出的快速球。他们还练习触击和跑垒。但是随着选拔赛越来越临近，他们开始紧张起来。

"试着放轻松，"熊妈妈说，"不过是场比赛罢了。况且，最糟的结果就是落选。明年还可以再努力。"

"不，那不是最糟的。"小熊哥哥看上去沮丧不已，"最糟的结果是妹妹被选上，我却落选了！"

"我觉得这是性别歧视！"小熊妹妹很生气。

——《棒球比赛》

（选自《博恩熊情境教育绘本：快乐的 21 天》）

在已经逝去，但尚未被我们彻底遗忘的美好岁月里，决定参加什么体育活动还完全是孩子们自己的事。他们自主选定队员组建街头棒球队，他们自行组织不正规的街头橄榄球比赛。（比赛的基本规则包括：不能越过人行道和停在周围的车辆；有车辆移动时比赛自动进入暂停状态；如果球飞进了克罗维尼太太的院子，那么就抽签决定由谁去把球捡回来，诸如此类。）而篮球比赛，只需要一群孩子（人数多少无所谓）、一个球，以及一个掉了底、钉在墙上的破桃篮就够了。

这就是"你去哪儿了""外面""干什么了""没干什么"的年代。在那个时候，成年人仁慈而明智地将自主权交给了孩子。那些没有大人监督的儿童游戏并非毫无压力，也会发生屈辱或流鼻血之类的事情。我们现在依然能记起的惨痛经历就包括：在自行选定队员的比赛中最后一个被选中，在阳光照射下错失了高飞球，以及进错了球门，等等。

以前让孩子们流鼻血的可能是来自贫民区的强壮粗暴的孩子，他们不仅霸占球场，还将视野内的每一根球棒、所有球和手套通通据为己有。

今非昔比。天哪！如今的情况跟以前大不一样了！

而今，参与斗殴的是成年人。

现在，由成年人赞助和组织的儿童体育社团已经形成了规模庞大的体系，覆盖了世界的每个角落。

下面这份指南旨在帮助家长在保证自己不出洋相，以及对孩子的心灵不造成伤害的前提下，辅导孩子充分参与幼儿期到青少年阶段的各项体育活动。

体验简易棒球

简易棒球是专门为还不懂得如何上垒或不知道如何从一垒跑

到二垒、从二垒跑到三垒的孩子设计的棒球游戏。

通常来说，用滚圆的球棒击打滚圆的球属于比较难的体育项目，因此参加简易棒球活动的孩子击打的不是别人抛出的球。按照要求，小球员只需要击打固定在齐腰高的球座上的棒球。然而，打简易棒球的孩子击中的往往是球座而非棒球，不过这样至少能打出一记令人心满意足的重击！

不过这并不是简易棒球的目标。这一运动的目的在于击球，并在击中球后开始跑垒。

四五岁的孩子在学习棒球技术时一般比较迟钝，因此应当对他们进行大量的训练。简易棒球的教练身兼数职，应当引导已经

能够击中棒球的孩子按照逆时针的方向跑垒，制止打球的男孩将青蛙放在女孩的背后，还得带领身穿便服的小球员去边线外换棒球服。

尽管充满了令人沮丧的因素且场面容易混乱不堪，简易棒球仍旧是一项迷人而有益的运动，而且也是最具观赏性的运动项目之一。此外，它还能帮助家长判断自己的孩子是否做好了进入下一阶段——参加少年棒球协会——的准备。

比如，倘若你家年幼的外场手更热衷于追蝴蝶、看云朵飘荡、翻开二垒的垒包找虫子，而非接住朝自己飞来的棒球，那你就完全有理由认为，他还需要在简易棒球项目上得到更多的锻炼。

参加少年棒球协会

假设小家伙的确已经懂得如何上垒，也自愿决定参加少年棒球协会的选拔（也就是说，没有受到棒球爸爸的过度影响，后者最喜欢的电影是有关棒球运动的《梦幻之地》和《百万金臂》，而且他本人还加入了"烤肉店虚拟棒球联盟"[①]）。

棒球爸爸在边线外惴惴不安地看着小家伙和大约八十个七至九岁的孩子参加测试——击球、抛球，截住地滚球，追捕高飞球。一群拿着文件夹的人正死死地盯着他们。

---

①这一比赛最初是由一群职业棒球大联盟的球迷在一家名为"弗朗索瓦兹烤肉店"的餐馆里创办的，因此得名"烤肉店虚拟棒球联盟"。

嘿，这都是些什么人？

"唔……"棒球爸爸注视着这群人，心中泛起一丝疑虑。这些家伙也都是当爸爸的，说不定其中刚好有一些人的孩子就在参加选拔呢。不可否认，这种时候人总会有所偏向，而且必然会有喜好冲突。棒球爸爸的脑海中闪现出一个可怕的念头：要是小家伙落选了怎么办？等等！那个接连打出硬邦邦的平飞球的孩子看起来是个女孩啊，的确是女孩！

天哪！场上至少有四个女孩！恐惧感深深地刺入棒球爸爸的小心脏，使他心跳加快了。倘若……倘若其中一个女孩入选了，而我的小家伙落选了，那可怎么办？倘若这些女孩全都入选了，而我的小家伙却落选了，又该怎么办？

等等！等等！小家伙好像成功了！至少有一个拿着文件夹的好心人正在轻轻地拍打他的后背。

"不错，小家伙，不过可不要浪费时间。天黑前咱们还有时间练会儿击球。"棒球爸爸说。

如何判断孩子参加少年棒球协会是出于自身兴趣，还是只是想取悦你：

• 在有比赛的日子他会祈祷下雨吗？

• 当你向他的主教练抱怨他的训练时间不足时，他会顾左右而言他吗？

- 当你提议吃饭前还有一会儿时间可以练球时，他是否会说"哎呀，爸爸，我正在练习新的吉他和弦"？

- 他所在的球队没能进入决赛时，他看上去是否如释重负？

- 你花了一百二十九美元给他买了一副红色真皮棒球手套，好让他加入球队。他是否对手套反应平平？

- 他对打右外野（场上九个位置中最轻松的一个）的位置是否感到心满意足？

- 当主教练派他上场时，他是否总是说："谁？我吗？"

如果上述任何一个问题的回答为"是的"，那你就该考虑下一个赛季让小家伙退出棒球协会了，鼓励他花更多的时间练习吉他吧。

男孩女孩机会平等

尽管现在少年棒球协会也欢迎女孩参加，但这是人们花费了整整十年的时间给少年棒球协会施加压力，并诉诸法律手段才取得的结果。

许多女孩都参加简易棒球运动，但是到了少年棒球协会低龄组阶段，女孩的数量就急剧减少，到了高龄组则更寥寥无几。据我们所知，迄今为止，还没有一个女孩在世界少年棒球赛的赛场上打过球。

导致女孩参加少年棒球协会的人数递减的原因有很多，而首要原因在于绝大多数男孩，尤其是小小年纪就热衷于棒球运动的男孩，大都是无知的大男子主义者。而且，一旦女孩在击球、抛球、接球和跑垒等方面做得比他们出色，他们就会感到恐惧。

随着青春期的到来，又会出现更多将男孩和女孩分隔开的因素。更为强壮的上肢力量赋予了男孩们在运动领域的优势；而变得更好看的上半身则赋予了女孩们另一种截然不同的优势——让男孩们忘掉棒球的能力。

另一个因素来自于专门为女孩组建的垒球协会。过去二十年里，垒球协会如雨后春笋般蓬勃发展起来。垒球是一项要求很高的运动，尤其是精彩的"风车式"下手投球（绕环投球法），这一招是女垒比赛中的标准动作。

当有人取笑少年棒球协会高龄组的球员，要他们去跟女垒冠军风车式投球手对阵的时候，这些男球员往往会被三振出局。

在推动运动领域男女平等方面，联邦政府制定的法律《教育法修正案》第九条或许起到了最重要的作用。这项法律规定，凡是接受政府补贴的高校（实际上意味着美国的所有高校），都必须为女学生提供和男学生同样的运动机会。这项规定在高中、初中，甚至小学都得到了推广，由此掀起了一场年轻女性参加体育运动的革命。从风车式投球手到大力发球网球手，从擎天柱般的篮球运动员到在马背上稳如泰山的女骑手，这些在各种体育项目中表现优异的女运动员都有机会获得运动奖学金。顺便说一句，全世界只有骑马运动允许男孩和女孩，以及成年男性和女性同场竞技，在这项运动中，就连成年的母马和小马驹也拥有完全平等的比赛基础。

然而，无论你的孩子是即将被少年棒球协会发掘的杰出球手，还是既喜欢运动同时又有其他兴趣爱好的家伙，或者是对体育运动毫无兴趣的人，你都应当记住一点：这是孩子的希望、梦想和志向，而不是你的。

校园恶霸带来的苦恼

一天，熊妈妈、熊爸爸和小熊哥哥都在院子里忙活，小熊妹妹哭着回来了。她的脸被抓伤了，脏兮兮的，衣服也破了。熊妈妈连忙问："你怎么了？"

　　"快告诉我们。"熊爸爸说。

　　看着小熊妹妹惨兮兮的模样，小熊哥哥简直不敢相信。她的衣服裤子都破了，头发乱成一团，粉红色蝴蝶结也快要掉了。

　　"你摔倒了？"熊妈妈问。小熊妹妹摇摇头。

　　"你被撞了？"熊爸爸问。小熊妹妹还是摇摇头。

　　"我能告诉你们发生了什么事，"小熊哥哥说，"我觉得她像是被人打了。"

　　"被人打了？太可恶了！"熊爸爸很生气。

　　"世界上怎么会有人打像小熊妹妹这样可爱的孩子呢？"熊妈妈简直不敢相信。

　　"小霸王就会。"小熊哥哥说。

过了好一会儿，小熊妹妹终于不哭了，她才抽抽搭搭地说："哥……哥……哥哥说得对，一个讨厌的小霸王打了我——无缘无故！"想到这儿，小熊妹妹气得又哭了起来。

——《小霸王》

（选自《博恩熊情境教育绘本：快乐的 21 天》）

一九九九年四月二十日，科罗拉多州利特顿市的哥伦比亚高中发生了一起枪击案，由于这起校园枪击案，以及发生在美国各地的许多其他惨案，人们开始密切关注校园欺凌及其严重后果。学校董事会制定了预防性的校规，学者撰写了学术研究报告，一批批专家也在电视节目中就这一话题展开讨论。

专家们的发现其实是绝大多数人一直心知肚明的事实：欺凌是对孩子伤害性最大的恶行之一，这种恶行会伤害他们的自尊，导致他们陷入抑郁，并给他们留下精神创伤。家长凭直觉就可以感觉到这种事情的存在，因为他们自己的童年时代就有着类似的痛苦记忆，而身为父母，经历这种事情会令他们备加痛苦。

作为父母，没有什么比看到孩子被人打、受到校园恶霸欺凌、号啕大哭着回家更震惊和难过了。

尽管这种事情令家长苦恼，但不幸的是，对于这类问题却没有"速效药"。家长们可以制定一套解决方案，采取一些防范措施，但需要特别注意的是，欺凌事件易于令人义愤填膺，因此家长们在处理这类问题时需要格外谨慎、明智，并力求及早解决。

不同性别的孩子，遭受的欺凌或许会有不同，这一点令情况变得更加复杂。通常而言，男孩和女孩受到的欺侮会有所不同，但这并不是说女孩中就不存在恶霸角色。在《小霸王》中，殴打小熊妹妹的"小霸王"碰巧就是个女孩。不过，女孩们更倾向于通过搞"小团体"的方法排斥受害者，而非在身体上伤害对方。

性别因素也影响着家长在孩子受到欺负后的反应。小比利挨

了打回到家后，妈妈一般会搂住他，安慰他；爸爸则倾向于对小家伙说："别像个小宝宝那样哭哭啼啼的，回去，给那个恶霸一点教训——否则就别回家！"

爸爸这种处理方法存在的问题是：小家伙有可能（但是可能性微乎其微）真的会去给那个恶霸一点教训，但他跳上火车、从此浪迹天涯的可能性更大。

妈妈"搂住安慰"的方法也不一定是处理这个问题的最佳方式。安慰当然是必需的，但家长同时也应该了解一下实际情况。或许你早已知道那个恶霸是谁——大概就是小沙坑里的害人精赫比，那么，同赫比的母亲开诚布公地谈一谈或许会有更好的效果。

如果赫比屡犯不改，受欺负的孩子的母亲组成代表团一起前去，或许会更具有说服力。

你应当在孩子还小的时候，就开始尽力帮他解决这个可能对他造成严重伤害的问题。这一点很重要。没有任何两个人的处境是一样的，因此，采取哪种解决方案最有效完全取决于你。

但顺其自然的做法决不可取。

随着孩子日渐长大，校园恶霸的问题会变得越来越严重，甚至有的孩子会携带枪支去学校，并且越来越普遍。

不过，在哥伦比亚高中校园枪击惨案发生后，一旦有人在学校出示武器——无论枪支、匕首，还是美工刀——持有者很快就会受到处理：当地特警部队从天而降，持有者被带到警察局，持有者家长接到通知，然后全部师生如释重负，继续背单词、陈述读书心得、进行小测验。

但校园恶霸日常使用的武器并不是枪支、匕首或美工刀，而是普普通通随时都可以抡起的拳头。拳头，以及受害者因之而产生的对疼痛和羞辱的恐惧感，才是校园恶霸们最好的武器。

校园恶霸对弱者的捕捉就像猪寻找松露一样敏锐。家长如何才能帮助孩子提高自我保护能力，使他免受校园恶霸的欺负呢？

方法之一是鼓励孩子锻炼体力，变得更强壮。我们并不是建议孩子们开始为日后竞选加利福尼亚州州长做准备[①]，但恶霸们通常不会挑选那些能做二十个引体向上和三十个俯卧撑的孩子。你很容易就可以在健身器材店找到五磅重的哑铃和适合安装在任何门廊上的引体向上单杠，这些器械在强化小家伙的肱二头肌、肱三头肌和自信心等方面效果非凡。

让一个十岁的男孩每天做一套哑铃弯举和引体向上或许会令人感到不可思议。他们在练习的时候也会一刻不停地抱怨，但他们内心却在想象自己要如何对付那个家伙——你知道是哪个家伙。

当小家伙的肌肉渐渐结实起来，防范措施对他来说一般就没什么必要了。校园恶霸肯定已经注意到，你的小家伙不再是那个

---

①此处指美国影星及政治家阿诺德·施瓦辛格。阿诺德·施瓦辛格曾在一九六七年获得环球健美及奥林匹克先生头衔，后来通过竞选成了美国加利福尼亚州州长。

只有六七十斤重、不堪一击的小东西了，他们会转而去欺负其他人。这种情形并不少见。

不过，在小家伙就读的学校里，恃强凌弱的现象或许超乎你的想象。小家伙刚刚锻炼出的肌肉或许可以吓退一批小霸王，但紧接着超级恶霸又出现了——在操场、教学楼走廊和男厕所里横行霸道。

一旦出现这种情况，你就应当气势汹汹去找校长了。负责任的校长或许已经安排超级恶霸转学到了某所行为纠正学校，但也有可能这所老式学校的校长仍旧冥顽不化地秉持着一种可耻理念，认为校园恶霸和欺凌行为在孩子的成长过程中在所难免。如果是后一种情况，家长们就应当组成代表团同校方进行谈判。倘若这种方法也不见效，那家长们就当全力求助于学校董事会，并以起诉和报警等方式给校方施压。这些方法几乎屡试不爽。

家长们也可以考虑为小家伙报空手道、柔道或剑道培训班。他或许非常乐意取得柔道三段的褐色腰带。没准他刚好还很擅长这项运动。在学校，当着同学的面展示一下空手劈木板或水泥墩的功夫，会让校园恶霸从此远离他。

但需要警惕的是，孩子有可能会滥用这项本领，结果自己变得有些像校园恶霸。

到了中学阶段，当运动迷和书呆子的对立也掺杂其中的时候，校园欺凌问题将会变得更加严重。在中学里，绝大多数体育生都表现良好，他们会随时挺身而出，去帮助那些受欺负的同学。

但是，如果我们的亲身经历和报纸杂志上的头条新闻具有指导意义的话，那么现实中，常常有少数体育生会将折磨他们眼中的"异类"当作天职。

他们拉帮结伙，到处寻找欺负对象，在对方身上用尽青少年特有的残忍手段：施加民族或性别歧视，进行人身攻击、敲诈勒索，以及其他各种令人作呕、难以详细列举的做法。这种情况下，校园欺凌就真的变得很严重了。在多数比哥伦比亚高中枪击案更臭名昭著的事件中，状况之所以恶化到不堪的地步，均是由于校方的不作为，他们从未试图去了解，在普普通通的校园生活背后每天都发生着什么。

或者，更加令人感到不安的是，校方竟然也认为，校园恶霸和欺凌行为在青少年成长过程中难以避免。就这样，在某个风和日丽的日子，一个毫不起眼的孩子带着一杆自动步枪出现在学校里，冲着食堂扫射了一番。

你可以劝说孩子就读的学校将沟通和解决冲突的技巧纳入课程中，从而规避麻烦，创造无欺凌的校园环境和校园文化。从"沙坑赫比"到哥伦比亚高中枪手相去甚远，但校园欺凌产生的机制却没什么不同。我们应当竭尽全力寻找预防下一场惨剧的方法和措施。

妈妈，上帝是什么？

一天，小熊兄妹去上学了，不幸的事情发生了。

熊妈妈正在收拾房间。"哦，天哪！"她看了一眼鱼缸，吃惊地叫了起来，"哦，天哪！我的天哪！"

她看到小金肚皮朝天地漂在水面上。"爸爸！你快过来一下！"熊妈妈慌张地喊道。

熊爸爸立刻跑了过来。

"你快看，这是怎么了？"熊妈妈问。

"我想，我想，小金去了天堂里的水下城堡。"熊爸爸说。

"天哪！我的天哪！"熊妈妈说，"妹妹一定会伤心死的。"

"是啊，她多喜欢这条小金鱼啊。"熊爸爸说。

"咱们该怎么办呢？"熊妈妈问。他俩想了一会儿。

"嗯，我想到个主意。"熊爸爸说，"我赶紧去宠物店买一条和小金一模一样的金鱼。这应该不难，金鱼看起来都差不多。这样谁都发现不了，可怜的妹妹就不会伤心了。"

"亲爱的，"熊妈妈说，"我不确定这样行不行。因为……"

她的话还没说完，熊爸爸已经出门了。

——《再见，小金鱼》

（选自《博恩熊情境教育绘本：天天向上》）

要不了多久你的孩子就会听到上帝的名字，无论是神职人员在教堂布道坛举行圣餐礼时，还是爸爸被榔头砸中了大拇指错误地叫出这个名字时，接着孩子便会问出这个重要问题："妈妈，上帝是什么？"

这是一个重大问题，而且同绝大多数类似的问题一样，回答这个问题的方式也多种多样。

当然，你可以即兴发挥一番，但这种做法最终只会让你在面对更重大的时刻、更重要的问题时语无伦次。

你也可以压根儿不理会这个问题："宝贝儿，你问得很好，咱们干吗不等到安息日去问一问琼斯牧师（拉比·朱克曼牧师或伊玛目·阿卜杜拉牧师）呢？"

当然，也有可能你在大学选修的第二专业恰好是宗教学，所以完满的答案就在你嘴边。

然而，更大的可能是，为了满足现代生活层出不穷的需求，自第一次领受圣餐（基督教和天主教），完成受戒礼（十二至十四岁犹太女孩行的成人礼）或上一次在斋月期间试图禁食（伊斯兰教）以来，你就从没思考过这个重大问题了。如果是这样的话，在尝试回答这个重大问题、迎接这个重大时刻之前，你最好考虑一下下面几个问题。

第一，在回答孩子的这个问题之前，你或许应当考虑一下，如何向自己做出回答。我们绝大多数人都坚定地认为在内心深处我们早已有了非常完善的答案，只不过无法用言语将其表述出来。但是小家伙不会接受这种态度，他需要你将其表述出来，而且用适合其年龄段的语句。在此，我们并不会告诉你应当如何回答这个重大问题，你要根据自己的信仰和宗教传统为这个问题寻找最贴切的答案。我们要给的建议是，作为小家伙的第一位老师，你有责任认真严肃地对待他的疑问，有责任尽自己所能回答他提出的问题。

第二，在对孩子进行宗教教育之前，你和伴侣应当先统一一下意见。不然，等到你告诉小家伙"上帝创造了整个世界和世上的一切"时，爸爸却说"根本就没有上帝"，那就糟了。这样非但解决不了问题，或许事态还会发展到难以想象的地步，甚至闹到最高法院（已经有过这样的先例）。

在有宗教分歧的环境中长大的孩子，日后更有可能遭遇婚姻问题。不只是巨大的分歧才会导致问题产生，父母中任何一方对宗教缺少热情都足以导致家庭不和。

在熊妈妈对重大问题做出回答后，小熊妹妹又提出了更多的问题，你的孩子也会如此。在面对一些比较令人头疼的问题时，下列想法和建议或许会对你有些帮助。

"妈妈，咱们死了之后会去哪里？"

孩子们不需为纳税操心，但会为金鱼、小乌龟和沙鼠之类的小动物在自己眼前无奈地死去感到无比忧伤。他们必定会感受到任何生物终有一死的征兆。看到一个因失去心爱的宠物而泪水涟涟的孩子，你很难不采用天堂那套说辞。

暂时抛开动物究竟有没有灵魂这个问题，告诉孩子鲍泽、埃菲姨妈，或是住在街道另一头的老好人约翰逊先生上了天堂，将

会给孩子带来安慰。如果你相信天堂的存在，那么它就会带给你慰藉。

然而，假如你同许多信奉不可知论或世俗主义的人一样，不相信来世的存在，假如你认为天堂（以及地狱——咱们都不要忘了还有地狱）是世人为了自己的需要凭空捏造的概念，在面临这种压力的情况下，你是否还会采用天堂的说法呢？对于这个问题，只有你自己才能给出答案。

"妈妈，《圣经》里的所有事情真的发生过吗？"

对于孩子来说，奇迹是很稀松平常的事情，他们的生活中充满了奇幻事件：能够长出巨型豆茎的魔豆，能够变成英俊王子的青蛙，以及长眠不醒却因为一个吻就苏醒过来的公主……所以他们可以毫不费力地接受《圣经》中提到的神迹。

然而，随着年龄的增长，只是引经据典已经难以让他们相信摩西曾劈开红海，玛士撒拉活到九百六十九岁。相信《圣经》就是上帝真言的家长别无选择，只能肯定《圣经》奇迹的权威性，让"可信度"之类的东西哪儿凉快哪儿待着去。

认为《圣经》故事是需要解读的教义的家长将面临更艰巨的挑战：他们需要发掘蕴藏其中的智慧，再讲授给孩子。

我们认为，对《圣经》做一定的学习和研究很有必要，在培养孩子信仰观念的过程中这会令他大受裨益。

顺其自然

家长自然都希望孩子像他们一样有信仰，并且遵循他们的信仰。很少有苹果会落在远离苹果树的地方，因此家长们的这种愿望通常都会实现。可是，苹果也会滚动，在面对那个重大问题时，你的孩子完全有可能找到其他的解答方式。如果出现那样的情况，你最好选择顺其自然。

恐惧因素

幼小的孩子很难将"在天上亲切地望着我们的上帝"与"将罗得的妻子变成一根盐柱的怒火冲天的上帝"合为一体。就像家长一样，有时候上帝也会对人类施加严峻的惩罚。

例如，小约翰尼被一场可怕的雷电交加的暴雨惊醒（尽管有人曾告诉他雷声是上帝挪动家具时发出的声响，但无济于事），惊恐之下，他冲进妈妈和爸爸的卧室，尖叫着："他在追我！"

"谁在追你，亲爱的？"妈妈问道。

"上帝在追我！"约翰尼说。

"可是，宝贝儿，上帝非常爱你啊！"妈妈说。

"哦，是吗？那他怎么还会追我？"约翰尼说。

在这种情况下，或许你应当用更加科学的态度向孩子解释，大自然也会有发怒的时候。

处于困境的家长，很容易借用上帝让孩子乖乖听话。妈妈会说："上帝时刻在盯着你，看到你跟妈妈顶嘴，他会不高兴的。"利用上帝帮助孩子改善日常行为并非好主意。这样做不仅如同杀鸡用牛刀一样小题大做，而且有可能会冒犯上帝。

不过，无论你采取怎样的方式回答那个重大问题，也无论你的回答会引发多少其他问题，滋养孩子的精神和灵魂就如同养育他的头脑和身体一样重要。这是一项繁重的职责。不过，话又说回来，谁说养育孩子是一件轻松的事了？

没有微笑就不算打扮周全

百老汇著名音乐剧《安妮》（马丁·查宁作词，查尔斯·史卓斯作曲）中有一首歌曲——《没有微笑就不算打扮周全》。我们并不是要为育儿创作一首歌，但是将两个儿子抚养长大，又看着他们养育我们的四个孙儿，我们逐渐坚信，就像没有微笑就不算打扮周全一样，没有养过孩子就不算真的长大成人。

这并不是说，养过孩子的人就优于没有养过孩子的。古往今来，非常多的伟人都没有孩子：文艺复兴时期的伟大艺术家米开朗基罗，在西方近代哲学史上占有重要地位的理性主义者斯宾诺莎，以及苏斯博士，等等。其实我们只是想说，没有任何事情能像为人父母这样让你变得超乎年龄地成熟。

尽管夫妻，以及其他各种形式的生活伴侣都对彼此负有责任，但只有家长这个角色才需要你为另一个人——一个暂时完全依赖你的人——负全面且不可推卸的责任。有时候，你还得为一个接一个的孩子负责（举个极端的例子，约翰·塞巴斯蒂安·巴赫有二十个孩子）。

亲子关系的最大挑战在于，从很多方面而言，这种关系都是单向的。尽管你得对孩子全面负责，可他对你却不用这样。

孩子还小的时候，我们大权在握。可一旦他们长大成人，不再需要我们的保护时，家长就不再拥有任何实质性的权力了——除了爱和尊重的强大力量。

我们对孩子负有责任，但他们并不需要对我们负责，除非他们自愿这样做。我们终其一生都与孩子绑定在一起，但孩子们一旦成年——甚至尚未成年，只要愿意，他们随时可以摆脱这种关系。

那么，我们为何还要让自己陷入这种会改变一生而又令人耗尽心血的单向关系呢？《旧约·创世记》中说："要生养众多。"这句话很重要，并在一定程度上回答了上述问题——只是我们基本上无法证实上帝是否真的说过这句话。但可以肯定的是，生命中没有任何一样东西能同新生儿呱呱坠地的啼哭声、那皱皱巴巴的小脸，以及那十根小小的手指和脚趾相提并论；也没有任何感觉能同你意识到这个拼命握住你手指的小生命是多么独一无二，他的人生也注定会独一无二时的心情相提并论。

因此，花开堪折直须折，好好准备吧，迎接这个会改变你的一生，让你倾注心血，又激动万分的为人父母的历程。

博恩熊情境教育绘本
系列导读

《博恩熊情境教育绘本：快乐的幼儿园》（全14册）

　　"快乐的幼儿园"系列有14个主题，从心理准备、生活行为习惯、与人相处等多方面营造情境体验。让孩子认识学校生活，缓解焦虑，树立自信，帮助孩子顺利迈出走向社会的第一步。

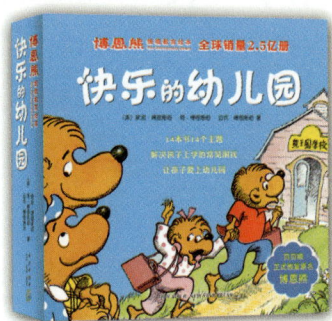

《去上学》

　　夏天结束了，天气开始转凉，小熊妹妹要上幼儿园了。她紧张又害怕。为此，熊妈妈提前带她参观了熊王国学校。

《按时起床》

闹钟响了！可是，小熊兄妹只睁了睁眼，马上又睡着了。他们错过了洗刷的时间，也错过了早饭时间。校车还有五分钟就到了，他们能不能赶上校车呢？

《注意安全》

小熊兄妹想玩滑板却没有场地。大高个他们有一个私人滑板场，但那儿有个规矩：不准带护具。这违反了熊妈妈的规定，小熊们会怎么选择呢？

《健康饮食》

最近，小熊兄妹和熊爸爸迷上了吃零食。他们看电视时吃，看电影时吃，逛商场时也吃。因此，他们都变胖了。熊妈妈是怎样让他们改掉这个坏习惯的呢？

《礼貌待人》

最近博恩熊家里总是有人不讲礼貌。小熊兄妹经常争夺玩具；熊爸爸则动不动就大吼大叫。为此，熊妈妈特地制定了一份家庭礼貌公约。

《学会谦让》

小熊妹妹和新邻居丽兹成了朋友。可丽兹很爱吹牛，还很霸道。平时在家里受宠的小熊妹妹可忍受不了这些。小熊妹妹和丽兹会互相谦让，成为更好的朋友吗？

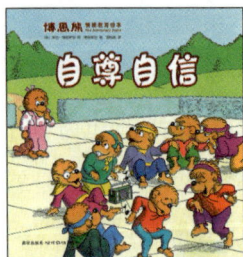

《自尊自信》

时髦的奎妮嘲笑小熊妹妹的穿着，小熊妹妹很受伤。熊妈妈建议小熊妹妹改变自己的打扮，可小熊妹妹勇敢地面对挑衅，用智慧找回了自信。

《和好如初》

小熊兄妹大吵一架后开始冷战，他们争抢玩具，抢占洗手间，互不理睬。终于，熊妈妈看不下去了。她是如何帮助小熊兄妹握手言和的呢？

《承担责任》

每次闯了祸，小熊兄妹总是没完没了地互相指责。面对不敢承担责任的小熊兄妹，熊妈妈教会了他们"争吵对于解决问题一点作用都没有"的道理。

《干干净净》

新学期第一天，小熊们参加了一场好习惯集会，学会了如何预防疾病。可熊爸爸却觉得这纯属大惊小怪，依旧我行我素。他会因为自己的疏忽而生病吗？

《战胜恐惧》

小熊妹妹害怕虫子，小熊哥哥害怕幽灵，熊妈妈害怕老鼠，熊爸爸害怕账单。胆小的行为是错的吗？小熊一家又该怎么克服自己的恐惧呢？

《不吵不闹》

虽然出门前就和妈妈约好不吵闹，可小熊兄妹还是在玩具店撒起泼来。这次，熊妈妈使了绝招让小熊兄妹乖乖地不在公共场合吵闹。

《我爱妈妈！》

母亲节快到了。熊妈妈总是悉心照顾每个人，为大家付出了许多精力。小熊兄妹该怎么表达对她的感激与爱呢？他们能体悟妈妈的辛苦付出，学会感恩母爱吗？

《我爱爸爸!》

父亲节到了，小熊们决定送给熊爸爸一堆家务活兑换券。用这些券，熊爸爸可以让小熊做各种家务。可是，现实却没有想象得那么美满。

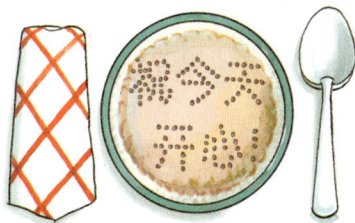

《博恩熊情境教育绘本：爸爸总有好办法》（全 7 册）

本系列每个故事都是一个任务，想完成任务，小熊要向爸爸学习本领才行。而熊爸爸才不是指手画脚的大人，他以身试错，让小熊真切地懂得错误做法的后果，学会正确做法。

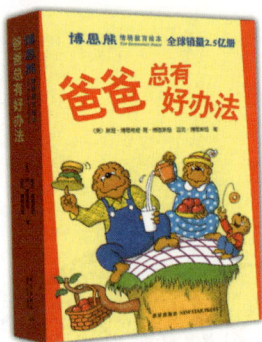

《找蜂蜜》

博恩熊家的蜂蜜吃光了，熊妈妈让熊爸爸去超市买些回来。但是熊爸爸说有更好的办法获得蜂蜜：蜂蜜是蜜蜂酿造的，想找到蜂蜜，先找到蜜蜂就好了。照着这样的逻辑，熊爸爸和小熊能找到蜂蜜吗？

《学骑车》

熊爸爸送给小熊一辆崭新的自行车。小熊特别开心，迫不及待地要骑出去玩耍。可是熊爸爸说，独自骑车之前要先给他上几节课。骑自行车都有什么课要上？熊爸爸会是优秀的教练吗？

《完美的野餐》

博恩熊一家要去野餐了。一次完美野餐的首要条件是，找到一个景色优美、氛围安静的野餐地点。这个艰巨的任务由熊爸爸来负责，他能为全家人找到完美的野餐地点吗？

《去露营》

小熊童子军要外出露营，熊爸爸自告奋勇给他们当向导。可是每次遇到难题，熊爸爸的解决方法都和《露营指南》里推荐的不同。到底谁的方法是正确的呢？

《海边假期》

悠闲的暑假终于到了，博恩熊一家决定去海边度假。辽阔的海边景色非常优美，但也潜伏着许多不易发现的危险。看熊爸爸都给小熊上了什么样的海边安全守则课吧。

《追踪消失的南瓜》

农场主本先生获奖的南瓜不见了！小熊侦探团和熊爸爸联合出击，立志抓到偷瓜贼。一路上，熊爸爸不假思索地跑在前头，结果却接连出错。他们最后有没有找到偷瓜贼呢？

《父子钓鱼记》

熊爸爸很爱钓鱼，他有一套精良的钓鱼竿和鱼线，钓到过很多大鱼。这天，熊爸爸决定带孩子们一起去钓鱼，要在他们面前露一手。他能如愿以偿吗？

《博恩熊情境教育绘本：快乐的21天》（全21册）

　　行为心理学家研究表明，同一个动作或想法重复21天，就会变成习惯的行为和想法。"快乐的21天"通过21个有趣的故事，让孩子在熟悉的生活化场景中感同身受，养成良好的习惯，快乐地成长。

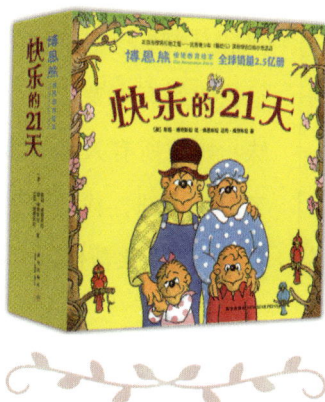

《搬新家》

博恩熊一家以前住在熊王国偏远的大熊深山，决定要搬家时，小熊哥哥有点无法接受，他的书怎么办？他的玩具怎么办？最重要的是，他的朋友们怎么办？

《看医生》

熊妈妈告诉孩子们该去体检了，小熊兄妹对此感到很焦虑。体检会打针吗？会疼吗？他们的体检会顺利进行吗？当孩子害怕去看医生的时候，可以给他们讲讲这个故事。

《临时阿姨》

爸爸妈妈有事要出门，谁来照顾小熊兄妹？好像所有人都有事，最后妈妈想到了解决办法，找"凶巴巴"的临时阿姨格瑞热太太来帮忙。

《乱糟糟的房间》

博恩熊家的树屋被熊妈妈打理得又干净又整齐，只有一个地方除外——小熊哥哥和小熊妹妹的房间，那里简直乱成一团。有一天，熊妈妈再也无法忍受了。

《妈妈的新工作》

在博恩熊家，最忙的就数熊妈妈了，她都没时间做自己喜欢的缝纫了。一天，熊妈妈决定开家棉被店来卖自己的缝纫作品。这下熊爸爸和小熊兄妹可慌了……

《电视看得太多了》

博恩熊家花在看电视上的时间越来越多，做其他事的时间越来越少，熊妈妈觉得这样可不行，于是果断做出一个重大决定：接下来的一星期谁都不准看电视！

《棒球比赛》

小熊哥哥和小熊妹妹夏天最喜欢的运动就是打棒球，熊爸爸见孩子们对棒球如此热衷，就提议他们去正规的球场来几场真正的比赛。

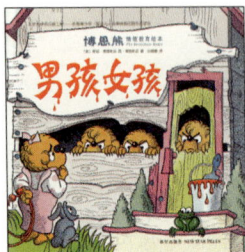

《男孩女孩》

大家玩的时候，是男孩还是女孩又有什么关系呢？小熊哥哥和他的伙伴们却很介意，小熊妹妹长大后居然跑得比他们快，爬得比他们高，弹珠游戏也玩得比他们好。

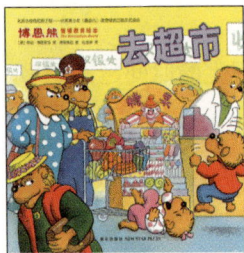

《去超市》

博恩熊一家是相亲相爱的一家人，孩子们爱着爸妈，爸妈也很疼爱小熊兄妹。不过有时似乎太宠他们了，小熊兄妹见什么都想要，去超市就成了一场灾难。

《做噩梦了》

小熊哥哥最近迷上了太空熊，央求爸妈带他去看惊险刺激的太空熊电影。看电影回来的晚上，大家都进入了梦乡，忽然，小熊兄妹的房间传来一阵尖叫……

《森林露营》

小熊童子军们要去森林露营，熊爸爸却吓唬他们说森林里有可怕的幽灵，还偷偷跟着他们，打算用旧床单装扮成幽灵来吓小熊。

《万圣节》

万圣节要来了，小熊兄妹早就准备好了装扮的服装，还兴致勃勃地研究着讨糖路线，他们打算避开古怪的麦克格里兹太太家……

《感恩节》

熊爸爸种了个大南瓜，起名叫巨无霸，打算参加今年感恩节的南瓜大赛，一举夺冠，把农场主本的风头压下去。可到了比赛那天……

《当一天爸爸妈妈》

在博恩熊家，爸爸妈妈和小熊们爆发了矛盾。被爸爸妈妈训完的小熊兄妹郁闷地上了校车，怎么也想不明白为什么爸爸妈妈总是不让干这、不让干那。

《小霸王》

一天，小熊妹妹哭着跑回家，浑身脏兮兮的，衣服也破了，原来她被小霸王欺负了。小熊哥哥气不过，去找小霸王给妹妹报仇，却发现小霸王居然是个女孩！

《我们家》

每当小熊兄妹从朋友家回来时，博恩熊家总是会有一场抱怨朋友有多少好东西的暴风雨。熊妈妈觉得，小熊兄妹应该数一数自己的幸福……

《爱上足球》

熊爸爸有点守旧，在运动方面只爱棒球，可熊妈妈却喜欢踢足球，小熊们也爱上了这项运动，熊爸爸对此不以为意，又忍不住有点好奇。

《爱心一日》

博恩熊一家享受着美好的生活，可在熊妈妈看来，他们拥有的东西有点太多了，而有些人却拥有的太少，于是，博恩熊家决定好好利用他们闲置的东西。

《新朋友》

小熊妹妹跟好朋友丽兹闹了矛盾，遇到了新搬来的小熊米兰达。她们很快成了朋友，一起开心地玩起来。可是她们的快乐游戏似乎给邻居们带来了诸多麻烦。

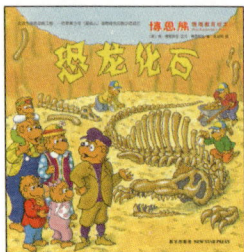

《恐龙化石》

小熊哥哥和小熊妹妹在熊王国图书馆看到了一本关于恐龙的书，他们一下就迷上了这种史前动物，熊爸爸和熊妈妈决定带他们到博物馆去看看恐龙骨架。

《小河变清了》

博恩熊一家在河边钓鱼野餐，正当他们陶醉在美景中时，忽然闻到一股难闻的味道。他们发现水上有一道黑乎乎的东西，好像是从小河拐弯的地方漂来的。

《博恩熊情境教育绘本：天天向上》（全21册）

"天天向上"系列营造了21种真实的生活情境：夏令营、家庭运动会、宠物嘉年华、赛车比赛，以及筹备父亲节……孩子将深入生活的方方面面，调动智慧与体能完成任务，解决成长难题，在不知不觉间养成积极向上的好品格。

《夏令营》

美好的暑假又到了。假期里，小熊兄妹每天无所事事，有些无聊。一天，熊妈妈在信箱里发现一张夏令营的宣传单。夏令营是做什么的？好玩吗？

《真正的勇敢》

大高个一伙抢走了小熊妹妹的跳绳，小熊哥哥去帮妹妹讨回来。可那伙人却怂恿他去做一些"勇敢"的事……这个故事教孩子说"不"的勇敢。

《不怕黑》

听哥哥读了恐怖故事后，小熊妹妹怎么也睡不着了。那些恐怖的情节总在她脑海回旋，黑暗中，所有熟悉的事物也都变得阴森而恐怖。

《难忘的假期》

在广告的吸引下，熊爸爸决定带大家到灰熊山体验一次"完全依靠大自然"的野外假期。可是到达目的地后，一切都和想象的大不相同。

《爱护环境》

熊王国面临严重的环境危机，小河、大气、鱼儿和森林都遭受了污染。为此，小熊们成立了"拯救地球俱乐部"，专门抗议不环保的行为。

《疯狂赛车》

橙色赛车、黄色赛车、绿色赛车和蓝色赛车，全比小红车马力足。小红车总是不慌不忙地向前开，最后却拿到了冠军！中途发生了什么呢？

《丛林大冒险》

小熊童子军要开展一场穿越丛林的冒险，熊爸爸十分积极，毛遂自荐要做向导。最后，不仅小熊，熊爸爸也赢得了荣誉勋章。他做了什么贡献呢？

《小熊侦探队》

熊爸爸的黑莓蜂蜜不见了，小熊侦探队又有新任务了。现场找到的证据只有一些毛发、几滴蜡油和一块红黄格子的布，这些会是谁的呢？

《家庭运动会》

在博恩熊的家庭运动会上，小熊兄妹都拿到了冠军，可是熊爸爸不论是跑步、跳远、潜水还是爬高，都是最后一名。他究竟擅长什么呢？

《妹妹出生了》

小熊哥哥长大了，他的小床已经太小了。不过刚出生的小熊妹妹刚好用得上。当小朋友即将有一个弟弟或妹妹时，你可以给他讲讲这个故事。

172

《新邻居》

熊爸爸对刚刚搬过来的熊猫一家很反感，因为他们看起来很不一样。在拜访了极其友善的熊猫一家后，脾气暴躁的熊爸爸终于丢掉了之前的误解。

《爸爸当家》

熊妈妈去照顾刚生了孩子的博莎姐姐了，熊爸爸信誓旦旦地说："别担心，家里的事都交给我吧。绝对没问题！"熊爸爸做得怎么样呢？

《住在奶奶家》

小熊兄妹要去奶奶家住一星期，他们非常焦虑：他们在哪儿睡觉？吃什么？能做什么呢？但当一周结束时，他们却开始盼望，什么时候可以再来爷爷奶奶家。

《家有儿女》

小蜜糖出生了，所有人都围着宝宝转，小熊妹妹有点不开心。当熊爸爸播放宝宝的录影带时，她的妒意更强了。等等！录影带里好像是婴儿时期的小熊妹妹……

《有样学样》

小熊妹妹在电影里学了一个"漂亮"的词，吃晚饭的时候她脱口说了出来。当大家从震惊中回过神之后，熊妈妈跟小熊妹妹聊了聊为什么要用语文明。

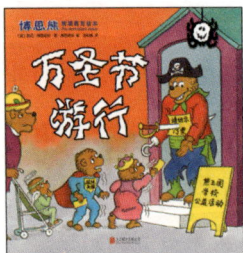

《万圣节游行》

熊爸爸为了办一场史上最精彩的万圣节游行，去超市买了恐怖装饰，雕刻了南瓜灯，还为自己选了一套恐怖装扮。可是，一切好像有点太恐怖了……

《广告大麻烦》

小熊兄妹非常爱看电视中的广告，总想买下里面的全部东西。这样下去可不行！熊爸爸熊妈妈决定这次买下广告里小熊兄妹想要的所有东西，但是……

《谁会得冠军》

熊王国里所有孩子都带着心爱的宠物来参加宠物秀，小熊兄妹也不例外。他们带着小猫、小狗和小金鱼，还有新宠物小鹦鹉前来参赛。谁的宠物会获得冠军呢？

《再见，小金鱼》

小金是小熊妹妹心爱的小金鱼。可是一天，熊妈妈发现小金死了。熊爸爸担心小熊妹妹伤心，买了一条和小金很像的金鱼。小熊妹妹会发现事实吗？她能接受吗？

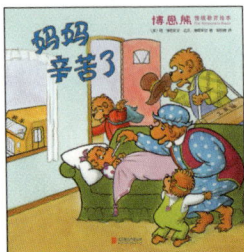

《妈妈辛苦了》

小熊妹妹生病了，请假在家休息。这下可把熊妈妈忙坏了，她又要做家务，又要照顾小蜜糖和小熊妹妹。一天过去后，小熊妹妹的病好了，熊妈妈却累倒了。

《给爸爸一个大惊喜》

父亲节快到了，熊爸爸早早就告诉大家，自己不需要过这样"无聊"的节日。随着节日气氛渐浓，熊爸爸很想知道：家人真的没为他准备父亲节吗？

《博恩熊情境教育绘本：快乐上小学》（全 21 册）

　　小学，尤其是小学前三年，是孩子一生"打地基"的阶段。在"快乐上小学"系列中，小熊兄妹的成长故事或许是每个孩子都会经历的。孩子可以在本套书中找到认同和心理支持，快乐自信地度过小学生活。

《换牙记》

小熊妹妹每次换牙都会得到牙仙子给的两角五分钱。但一天，丽兹说她换牙时会得到牙仙子给的一块钱。这是为什么呢？难道牙齿变得更值钱了？

《生日快乐》

小熊妹妹的六岁生日到了。熊爸爸为她办了个生日聚会，请来了很多朋友，有超级大蛋糕，还租来了旋转木马……可过生日的小熊妹妹却被气哭了，这是为什么呢？

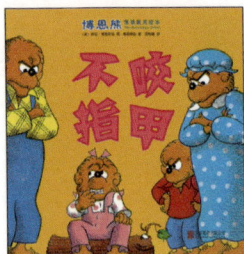

《不咬指甲》

小熊妹妹有爱咬指甲的坏习惯，咬秃了的指甲又疼又不方便。为了让小熊妹妹不咬指甲，熊妈妈想了很多办法：把指甲包起来，制定奖励措施等，可都不管用。

《诚实可贵》

这天，小熊兄妹在客厅踢足球，把妈妈心爱的台灯撞坏了。他们俩撒谎说是一只奇怪的大鸟干的。谎言经不起考验，熊妈妈怎样让小熊兄妹承认错误呢？

《不乱花钱》

小熊兄妹常常乱花钱。一天，他们要钱去玩电子游戏，被熊爸爸吼了一顿。小熊们决定开始挣钱。可熊爸爸不由得担心起来：难不成小熊们要变成守财奴了吗？

《不做网熊》

随着熊爸爸买回来第一台电脑，博恩熊一家都渐渐沉迷于它了。一天，小熊妹妹在网上收到了一些不好的消息，熊爸爸终于决定制定博恩熊家上网约定。

《按时写作业》

这段时间，小熊哥哥落下了很多作业，而且觉得根本完不成，索性不做了。看着边看电视边打电话但就是不好好写作业的小熊哥哥，熊爸爸很生气。

《今天没上学》

因为生病，小熊哥哥耽误了不少学校的事情：他在校队的位置被顶替了，考试也不及格，接二连三的打击让小熊哥哥变得讨厌学校。

《意外的贺卡》

情人节快到了。老师要求每个人都给班上的同学写一张情人节卡片。小熊妹妹打算给总是捉弄自己的比利送一张难看的卡片，却收到了比利送的精美的卡片。

《友善待人》

小熊哥哥误把取笑他人当作玩笑，他在妹妹背后阴阳怪气地讲话；给班上同学起外号……但当他成为校长助理后，小熊哥哥尝到了"被开玩笑"的滋味。

《代课老师》

小熊哥哥班上要来一位代课老师。调皮的男生们准备了一些小把戏：往讲台抽屉里放了只青蛙，用地图册把黑板上的考试安排盖住……

《下馆子》

今天熊妈妈有点累，不想做晚饭。于是，博恩熊一家去餐厅吃饭。餐厅里人真多啊！等位时间和等待上餐的时间都很长，但好在熊爸爸和熊妈妈有所准备。

《勤劳的新邻居》

博恩熊一家有了新邻居——臭鼬一家。他们整天忙忙碌碌的，不是在修这个，就是在修那个，把平时有些懒散的博恩熊一家都带动得勤劳起来。

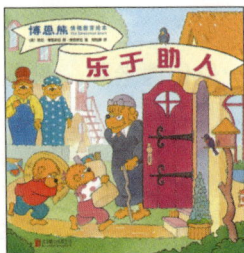

《乐于助人》

和很多被娇养的孩子一样，小熊兄妹不太懂得帮助他人。怎么能让他们改掉自私的毛病呢？正好，附近住着一位上了年纪的奶奶，她很需要帮助。

《认识职业》

小熊兄妹不知道以后想做什么工作。他们在熊王国里走了一圈，看到了消防员、交通警察、公交车司机、工程师、科学家……小熊兄妹到底想做什么呢？

《小心陌生人》

小熊妹妹对陌生人太友好，毫无戒心。熊爸爸给她讲了很多和陌生人有关的坏事，希望她能学会与人保持距离。但这让小熊妹妹过于害怕陌生人，甚至不愿出门了。

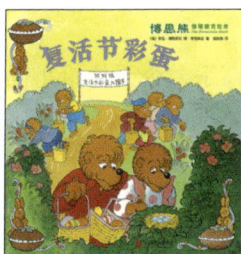

《复活节彩蛋》

感恩节有火鸡，圣诞节有圣诞礼物，情人节可以收到情人节贺卡，复活节的彩蛋里有很多糖果……这是节日全部的意义吗？

《家庭自驾游》

这个假期，博恩熊一家打算来一次自驾游。他们开车经过了蜜月瀑布、比德尔小溪、大熊山，去到了熊王国国家森林公园……

《被遗忘的宝藏》

博恩熊一家打算把阁楼里的东西清理一下，开个旧物拍卖会，把不需要的东西卖掉。但他们渐渐发现，阁楼里那些不用的东西都是一家人珍贵的回忆。

《爸爸讲故事》

熊爸爸是个讲故事高手。今天他给小熊讲了三个故事——《三只小熊》《小红母鸡》和《姜饼人》的故事。咦？故事好像和书上的不太一样呢。

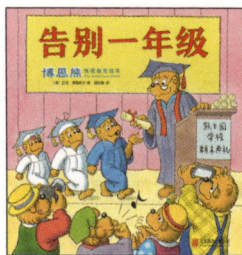

《告别一年级》

小熊妹妹完成了一年级的学业，小熊哥哥完成了三年级的学业，就连小蜜糖也要从幼儿园小班毕业了。学期的最后一天，学校举行了盛大的毕业典礼。

The Bear Essentials: Everything Today's Hard-pressed Parent Needs to Know About Bringing Up Happy, Healthy Kids
by Stan and Jan Berenstain.
Copyright © 2005 by Berenstain Enterprises, Inc.
Published in agreement with Sterling Lord Literistic, through The Grayhawk Agency.
Simplified Chinese translation copyright © 2018 by ThinKingdom Media Group Ltd.
All rights reserved.

著作权合同登记图字：01−2015−7597

图书在版编目（CIP）数据

　博恩熊育儿经 ／（美）斯坦·博恩斯坦，（美）简·
博恩斯坦著 ；徐海幈译. −− 北京 ：新星出版社，
2018.7
　ISBN 978−7−5133−2802−9

　Ⅰ. ①博… Ⅱ. ①斯… ②简… ③徐… Ⅲ. ①家庭教
育 Ⅳ. ①G78

　中国版本图书馆CIP数据核字(2018)第047866号

博恩熊育儿经

[美] 斯坦·博恩斯坦 [美] 简·博恩斯坦 著

徐海幈 译

责任编辑 　汪 　欣
特邀编辑 　杜益萍 　王铭博
装帧设计 　朱 　琳
责任印制 　廖 　龙
内文制作 　田晓波

出　　　版　新星出版社　www.newstarpress.com
出 版 人　马汝军
社　　　址　北京市西城区车公庄大街丙3号楼　邮编 100044
　　　　　　电话 (010)88310888　传真 (010)65270449
发　　　行　新经典发行有限公司
　　　　　　电话 (010)68423599　邮箱 editor@readinglife.com
印　　　刷　天津市银博印刷集团有限公司
开　　　本　880mm×1280mm　1/32
印　　　张　6
字　　　数　80千字
版　　　次　2018年7月第1版
印　　　次　2018年7月第1次印刷
书　　　号　ISBN 978−7−5133−2802−9
定　　　价　39.80元